3 décembre

EMMANUELLE **JOHNSON**

Vies antérieures : allez à la rencontre de votre passé

Et si vos vies passées vous permettaient de vous révéler ? Et si vous utilisiez le mois de décembre pour vous recentrer, pour comprendre d'où vous venez et quel chemin votre âme a parcouru depuis sa première incarnation ? C'est le voyage que nous vous proposons aujourd'hui.

De tout temps, **l'idée que l'âme survive au corps physique** et suive son propre dessein a fasciné. Dans de nombreuses cultures, il est dit que l'âme est immortelle et qu'elle trouve son ancrage dans une nouvelle enveloppe humaine lors de la mort du corps physique afin de perpétuer son apprentissage et son cheminement.

Les vies antérieures supposent le concept de réincarnation, littéralement le « retour dans la chair », autrement dit la survivance de l'âme au corps physique, laquelle reviendrait sur terre sous une autre forme afin d'expérimenter différents chemins de vie, eux-mêmes nécessaires et favorables à son évolution. Cette notion est présente dans de nombreuses traditions, et les traces de son débat remontent à plusieurs siècles avant notre ère ; bien au-delà des dogmes, des religions et des différentes philosophies, elle semble être une **théorie intemporelle et majoritaire**.

Vous êtes un chercheur du monde

Que vous soyez profane ou connaisseur, si vous lisez ces lignes, c'est que vous êtes ce que j'appelle un « chercheur du monde ». **Le chercheur s'interroge, il ne rejette rien sans pour autant tout accepter.** Il reste ouvert au fait de ne pas savoir, il est sur le point d'entamer ou a déjà entamé un travail personnel afin d'aller panser ses blessures du cœur et de l'âme dans les tréfonds de son être et non à l'extérieur de celui-ci. Quel que soit le chercheur, il a soif de connaissances, mais apprend et accepte peu à peu de lâcher ce qu'il connaît au profit de ce qu'il ressent. Souvent tiraillé entre ces deux entités, « savoir » et « ressentir », le chercheur doute. Il ressent si fort, ses sens sont si aiguisés qu'ils le laissent en proie à de nombreuses perceptions contradictoires déroutantes. Le chercheur ressent au plus profond de son être, son cœur lui conte souvent de belles histoires, son âme lui chuchote ses secrets ; mais son mental en plein travail de rationalisation peine à le faire écouter.

Les questions du chercheur du monde

Le compteur des incarnations : quel âge a votre âme ?

Nous ne sommes probablement pas tous des êtres réincarnés, mais nous sommes tous bel et bien incarnés ici et maintenant. La réincarnation implique un retour de l'âme dans une enveloppe physique nouvelle afin de perpétuer son chemin et cela suppose d'être déjà passé par l'étape de la mort. **Nous avons bien évidemment des « compteurs de vie » différents.** Certaines sont de vieilles âmes ; cela signifie qu'elles ont déjà connu de nombreux cycles de réincarnations, parfois plusieurs cycles sur une même période historique. Ce sont ces âmes qui sont le plus à même de se remémorer leurs souvenirs, la connexion étant plutôt aisée et bien appréhendée. D'autres sont de jeunes âmes, elles ont connu peu de réincarnations. Puis, finalement, il y a ce que j'appellerais les « âmes nouvellement nées » ; il s'agit là d'âmes qui entrent dans leur premier cycle d'incarnation.

De quelle manière ressurgissent les souvenirs de vies antérieures ?

Bien souvent, les premiers souvenirs ont lieu de manière impromptue, à la suite d'une exposition à un stimulus sensoriel et perceptif. Une musique, une odeur, une époque, une situation, une émotion, un lieu, une personne ou encore des rêves récurrents qui vous semblent étrangement familiers et que vous n'arrivez pourtant pas à associer à votre vie d'aujourd'hui. Cela vous rappelle quelque chose. Mais quoi ? Mais quand ? Puis soudain, une image, un décor, une émotion, un visage, un événement. Ils ne durent souvent que quelques instants. Mais ces quelques instants suffisent à plonger la personne dans une recherche sur le sujet et à une profonde introspection.

À la question de savoir quand et pourquoi ils refont surface, je ne pourrai répondre qu'avec ma conviction personnelle : lorsque nous sommes prêts.

Rappelons-nous que **l'âme expérimente dans le but de se parfaire**. Elle incarne donc tous les penchants humains mis à sa disposition, des plus lumineux aux plus sombres. Cette tendance nous montre à quel point notre canal intuitif peut se trouver obstrué par l'humain, car il est évident que, lorsque l'on a connu mille et une vies à travers les âges et les continents, il y en eut bien sûr de nombreuses au cours desquelles nous avons été criminels, odieux, tyrans, fidèles ou traîtres, morts en gloire, morts de faim...

Abordant le sujet des morts, force est de constater que nous aurons aussi tendance à plus nous souvenir de nos morts d'honneur (par exemple, mort au combat) que de nos morts de paille (mort de maladie). Pourquoi ? Parce que, bien sûr, notre ego se satisfait mieux d'une mort « reconnue », mais pas que... Il s'agit là aussi d'égrégore énergétique. Si nous prenons l'exemple des morts au combat pendant les grands conflits mondiaux, l'égrégore mémoriel est si intense encore aujourd'hui que toute cette concentration d'énergie collective va faciliter l'ouverture du canal des souvenirs aux âmes concernées.

Les voies d'accès aux souvenirs des vies antérieures

Les souvenirs de vies passées peuvent emprunter différents chemins d'accès pour ressurgir. Les paradigmes expérimentaux sur la théorie des faux souvenirs, sont la capacité de notre cerveau à élaborer et à encoder comme réelles des expériences qui n'ont jamais eu lieu. Nous ne sommes pas les seuls « décideurs » de l'émergence d'un souvenir d'âme, une partie incombe à une sphère supérieure. Ainsi, si malgré vos efforts aucun souvenir ne ressurgit, il est bon de le respecter. Peut-être n'êtes-vous pas prêt ? Peut-être que ces informations n'ont pas à vous être transmises pour le moment ? Quoi qu'il en soit, **accueillez**.

La méditation guidée

À l'état d'éveil, notre cerveau émet des ondes rapides, que l'on nomme bêta, avec une fréquence se situant entre 12 et 30 Hz. Lors d'une activité intellectuelle intense, cette fréquence augmente, nourrie d'ondes gamma, qui se situent aux alentours de 40 Hz. Lors d'un état méditatif, qui s'atteint en alliant respiration profonde et lâcher-prise, nous pouvons atteindre les ondes thêta, entre 4 et 8 Hz.

La méditation est un état de conscience modifiée qui vous permet de poser votre mental, de canaliser les mille et une pensées qui gravitent dans votre esprit et de favoriser, avec un peu d'entraînement, l'ouverture du canal perceptif subtil et intuitif.

Mise en pratique

1. Tout d'abord, trouvez un lieu, une pièce où vous serez sûr de ne pas être dérangé pendant environ une heure. Prévoyez de quoi vous mettre à l'aise, portez des vêtements amples, prenez une couverture, des coussins et d'autres choses confortables si le cœur vous en dit. Vous pouvez également vous munir d'un carnet afin de noter vos ressentis ou ce que vous avez vu durant votre méditation.

2. Une fois que vous êtes confortablement installé, fermez les yeux et prenez de profondes inspirations puis relâchez par de profondes expirations. Recommencez une dizaine de fois. Graduellement, vous allez sentir vos muscles se détendre et votre corps en contact profond avec le sol. Prenez le temps de prendre conscience de chaque partie de votre corps en contact avec le sol. Vous vous enracinez. Inspirez, expirez. Vous vous détendez, vos pensées quotidiennes vous quittent peu à peu et, si elles reviennent à la charge, recentrez-vous sur votre respiration.

3. Maintenant, visualisez un long couloir jonché de portes, à gauche et à droite de ce couloir. Les portes sont belles et brillantes. Vous vous tenez à l'entrée de ce long couloir et vous tenez un objet familier et rassurant dans votre main droite. Cet objet peut être un bijou, un bâton, une peluche de votre enfance… Quoi qu'il en soit, il vous rappelle que vous êtes ancré ici et maintenant et que vous êtes en sécurité. Rien ne peut vous arriver. Vous commencez à avancer dans ce long couloir, les lumières des portes scintillent. Vous allez choisir une de ces portes et l'ouvrir. Choisissez-la en confiance, sans crainte ; rappelez-vous que vous avez votre objet sacré dans la main et que rien ne peut vous arriver. Prenez le temps dont vous avez besoin pour choisir votre porte. Lorsque cela est fait, dirigez-vous vers elle et tenez-vous devant en récitant ce mantra :

« J'ouvre cette porte sur un des souvenirs de mon âme en confiance. »

Lorsque vous êtes prêt, ouvrez et laissez-vous guider, voyez où cette porte vous mène. Lorsque votre expérience est terminée et que vous sentez qu'il est temps de revenir, refaites le chemin inverse pour retrouver votre porte. Remerciez l'univers pour ce que vous avez vu ou ressenti. Reprenez le long couloir et, peu à peu, réveillez vos muscles en bougeant doucement.

4. Lorsque vous êtes prêt, ouvrez doucement les yeux et reprenez corps avec la réalité. Prenez votre temps, étirez-vous, buvez une boisson chaude puis, si vous le souhaitez, notez dans votre carnet vos ressentis et votre expérience.

Il est possible que vous assistiez à un souvenir clair et détaillé, à un souvenir flou, peut-être juste à une époque, à un lieu ou à une émotion. Il est aussi possible que rien ne se passe. Qu'il n'y ait rien derrière cette porte. Comme mentionné plus haut, de nombreux paramètres entrent en ligne de compte. Votre état du moment et votre charge quotidienne vous permettent plus ou moins de lâcher prise. Peut-être n'êtes-vous tout simplement pas prêt à recevoir ces informations. Ne baissez pas les bras. Soyez patient et persévérez.

Que vous soyez une vieille âme, une jeune âme ou une âme naissante, peu importe, finalement, puisque nous sommes tous liés par quelque chose de plus grand et d'universel : l'amour. Préparez-vous, car l'amour va couler à flots...

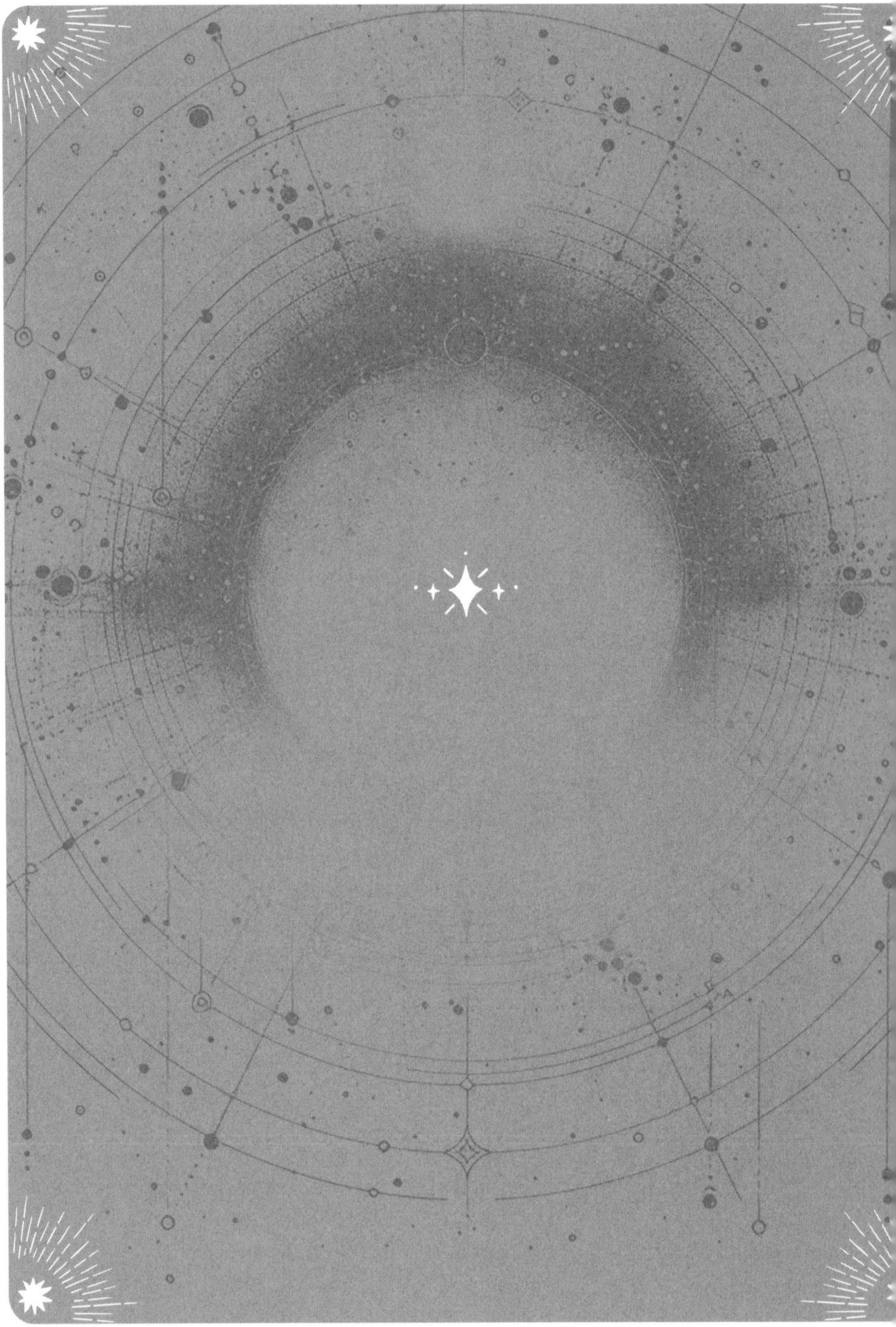

4

décembre

CHRISTIAN **VIDAL**

Chiromancie : l'amour se lit dans votre paume

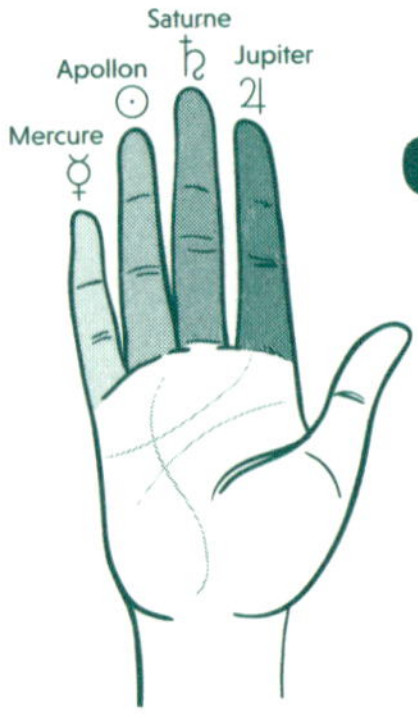

Les doigts

Et si nous parlions un peu d'amour ? Et si vos paumes pouvaient vous révéler votre avenir sentimental ? Tenez-vous prêt, parce qu'aujourd'hui, nous vous dévoilons quelques conseils et astuces pour comprendre votre main, ce qu'elle souhaite vous dire, mais surtout où vous en êtes en amour.

Les relations d'amour

Notre vie amoureuse, c'est nous-même, c'est notre façon d'exprimer notre personnalité propre. Comment concevoir l'existence sans amour (à tel point que certains, déçus par les humains, se mettent à prendre un animal de compagnie) ? Vous l'aurez remarqué, dans la vie, il y a des hauts et des bas, et que de rebondissements, que d'aventures, que de joies et de peines ! Au cours de ce voyage terrestre, nous voilà plongés en autant d'expériences que nous rencontrons de tempéraments sur notre chemin.

Comment reconnaître le caractère affectif d'une personne en observant simplement ses mains, c'est ce que nous expliquons ici. Nous présentons des situations amoureuses communes : amour fidèle ou infidèle, harmonie sentimentale, amour romantique, passionné ou… peu démonstratif.

Harmonie et fidélité

La plupart d'entre nous aspirent à une relation idéale, forte et durable, et si possible, unique. Toutefois, seuls l'expérience et le vécu nous diront si la personne aimée est bien celle qui nous convient.

Dans certaines traditions orientales, on compare les thèmes astrologiques des fiancés pour connaître leur compatibilité et assurer un pacte solide. À son niveau, telle est la magie de la chiromancie, qui peut nous donner des réponses fiables dans ce domaine si délicat, hautement émotionnel, voire complètement irrationnel, qu'est l'amour.

Si l'on est très épris de quelqu'un sans être sûr que la relation a des chances de perdurer, voici quelques indices à chercher sur sa main.

La forme de la main

La main la plus fiable est la main de Terre. Elle correspond à quelqu'un de pratique, sûr et solide, ne s'ennuyant pas facilement et appréciant les moments romantiques. La personne est à la fois adepte de la familiarité et du confort, ce qui est l'idéal pour bâtir une relation durable. On peut être sûr que le partenaire fera de son mieux pour que son couple soit une réussite. Cela est d'autant plus vrai s'il s'agit d'un signe zodiacal de Terre : Capricorne, Taureau, Vierge.

La main de Feu est également romantique, mais nettement plus passionnée, ce qui ne manque pas de charme, mais est bien plus éprouvant. Cela est d'autant plus vrai s'il s'agit d'un signe du zodiaque de Feu : Bélier, Lion, Sagittaire.

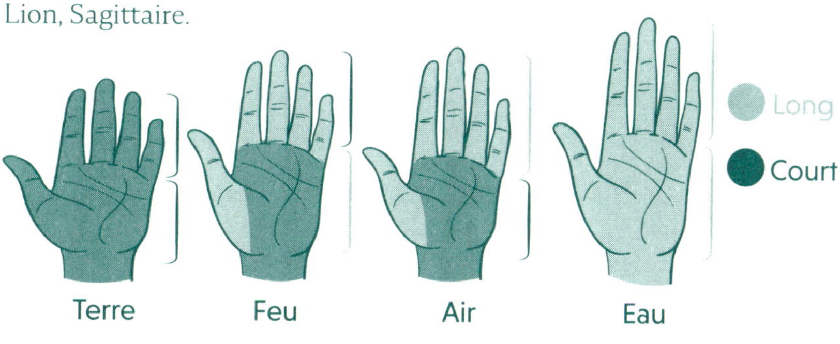

Formes de la main

La sensation de la main

La main est de préférence douce et élastique, signe de sensibilité et de compréhension. Bien sûr, tout dépend de l'activité de notre partenaire. En effet, des mains rugueuses de travailleur manuel n'excluent pas un grand cœur ! Une telle personne tient compte des sentiments de l'autre et se trouve concernée par son bien-être. Elle veut établir une relation saine, équilibrée et satisfaisante.

Le mont de Vénus

Il doit être harmonieusement développé : ni trop (frivolité) ni trop peu (froideur et indifférence).

1. Mont de Jupiter
2. Mont de Saturne
3. Mont d'Apollon
4. Mont de Mercure
5. Mont de Mars externe
6. Mont de Mars interne
7. Plaine de Mars
8. Mont de la Lune
9. Mont de Pluton
10. Mont de Neptune
11. Mont de Vénus

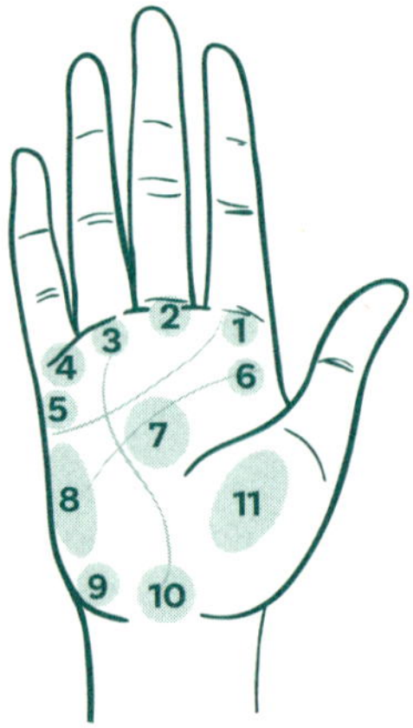

Les lignes d'Union

C'est un critère déterminant, en particulier sur la main gauche, dite « main du Cœur ». Ces petites lignes situées sur le bord extérieur, juste sous le doigt de Mercure, montrent le nombre de relations que la personne concernée aura au total dans sa vie, compte tenu de son vécu. La question est toujours de savoir où nous-même nous situons par rapport à ces petites lignes, et si nous en faisons partie.

La ligne de Vie

Présente un bel arc arrondi autour du mont de Vénus.

La ligne de Cœur

On ne peut parler d'amour sans évoquer la ligne de Cœur ! Cette ligne met en évidence la façon dont quelqu'un exprime ses émotions et le type de relation qui l'attend.

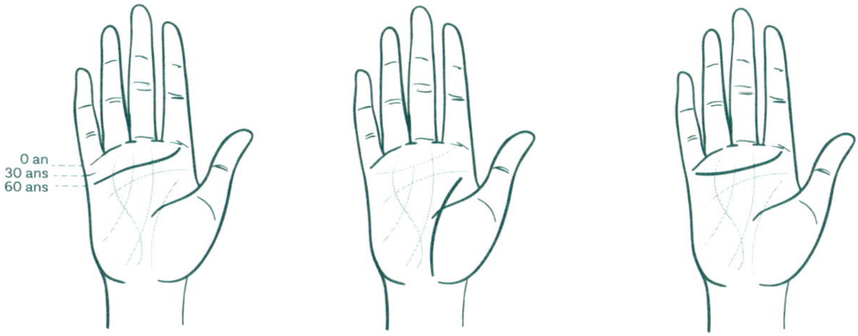

Lignes d'Union, de Vie et de Cœur

Est-ce ma relation pour la vie ?

J'observe mes mains et celles de mon partenaire.

Si une ligne monte de la ligne de Cœur sur le mont du Soleil, on aura une relation amoureuse conjugale très heureuse et épanouie.

Si cette ligne d'influence est présente à la fois sur notre paume et sur celle de notre partenaire, il est probable que nous soyons les deux personnes concernées par la relation.

Caractéristiques de la ligne de Cœur idéale

- Généreusement courbée, et de préférence sur les deux mains. La courbure révèle la capacité à exprimer nos sentiments.
- S'arrête sous le mont de Jupiter, ou entre le doigt de Saturne et le doigt de Jupiter : on n'est ni trop jaloux, ni indifférent, mais normalement aimant.
- Si elle s'achève en éventail sur le mont de Jupiter, on est de nature très affectueuse et chaleureuse, avec la capacité d'établir des relations heureuses.
- Si la ligne de Cœur finit par une fourche, avec une branche sur le mont de Jupiter et l'autre entre les doigts de Jupiter et de Saturne, le signe est très favorable : la personne est facile à vivre, drôle et bonne vivante. Psychologue et communicante, elle rencontre peu de problèmes dans ses relations.

Fidélité ou infidélité ?

On n'insistera jamais assez sur le fait que pour une telle situation, comme pour d'autres, l'évaluation se fait par faisceau d'indices. Les critères sont cumulatifs, et non pas exclusifs. En d'autres termes, un seul des indices ci-dessous ne peut, à lui tout seul, révéler une infidélité (sauf peut-être les lignes d'Union).

La forme de la main

Tout comme l'amour est souvent irrationnel, nous voici devant des contraires qui produisent les mêmes effets. En effet, la main d'une personne infidèle est souvent de forme soit **Feu**, soit **Eau**.

- **La personne aux mains de Feu** est souvent agitée et passionnée. Elle a tendance à s'ennuyer facilement, à vouloir le changement pour le changement, et peut être infidèle pour se divertir ou relever un défi. Cela est encore plus vrai si la personne est un signe zodiacal de Feu : Bélier, Lion, Sagittaire.

- **La personne aux mains d'Eau** est très romantique et idéaliste. De ce fait, elle peut être déçue rapidement par un partenaire qu'elle aura pourtant soigneusement choisi en cochant beaucoup de cases. Par conséquent, elle souhaitera changer dans l'espoir de trouver le prince charmant. Sa recherche sera souvent vaine. Cela se vérifie d'autant si la personne est un signe zodiacal d'Eau : Poissons, Cancer, Scorpion.

Le mont de Vénus

Le mont de Vénus, vrai baromètre de l'amour, chez une personne de nature infidèle est :

- Proéminent et plutôt rosé et souple, c'est-à-dire de nature sexuelle et passionnée ;
- Souvent traversé de stries horizontales (tempérament jouisseur).

Les trois lignes de la passion

- **La ceinture de Vénus.** C'est un signe classique de grande excitation sexuelle, de libido très développée, surtout quand la ceinture de Vénus est présente sur les deux mains. Cela peut conduire à l'infidélité.

- **La Via Lasciva.** Si, à la ceinture de Vénus, on ajoute la **Via Lasciva**, le dynamisme érotique ou sexuel est souvent porté à son comble et peut conduire à toutes les perversions, y compris l'infidélité.
- **La ligne Simienne.** Le cocktail sera encore plus explosif si les lignes de Cœur et de Tête sont remplacées par une ligne Simienne, qui incarne les désirs incontrôlables. On fera tout pour goûter le fruit, fut-il interdit (ce qui le rend meilleur !).

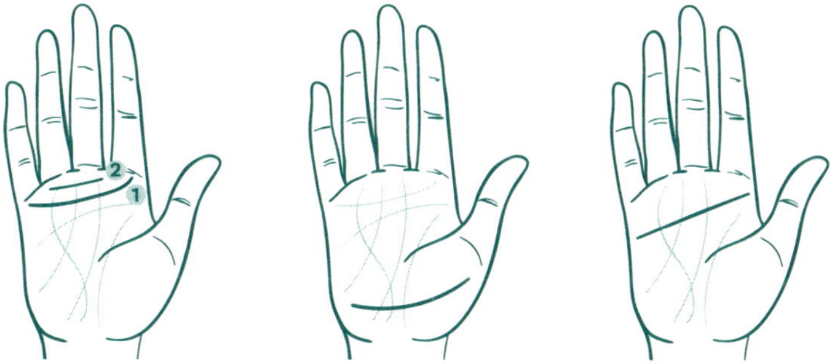

Ceinture de Vénus, Via Lasciva, ligne Simienne

La ligne de Cœur

Trois formes de ligne de Cœur révèlent un grand égoïsme :

- La ligne de Cœur **très droite** et fortement marquée ;
- La ligne de Cœur **très courte**, s'arrêtant sous le doigt de Saturne ;
- La ligne de Cœur **très fine** (voire une absence totale de ligne de Cœur), révélant peu, ou l'absence, de capacité à aimer.

Dans ces trois cas, la personne n'est préoccupée que par elle-même, et peu lui importe si elle traumatise son partenaire par son comportement, notamment en le trompant.

Êtes-vous plutôt fidèle, romantique ou passionné ? Vous le savez, l'amour revêt différentes formes : fraternel, amoureux, amical, voire animal... Si la paume de votre main peut vous parler, beaucoup d'autres choses en ce monde le peuvent aussi. Il vous suffit d'un peu de patience... pour découvrir la case de demain.

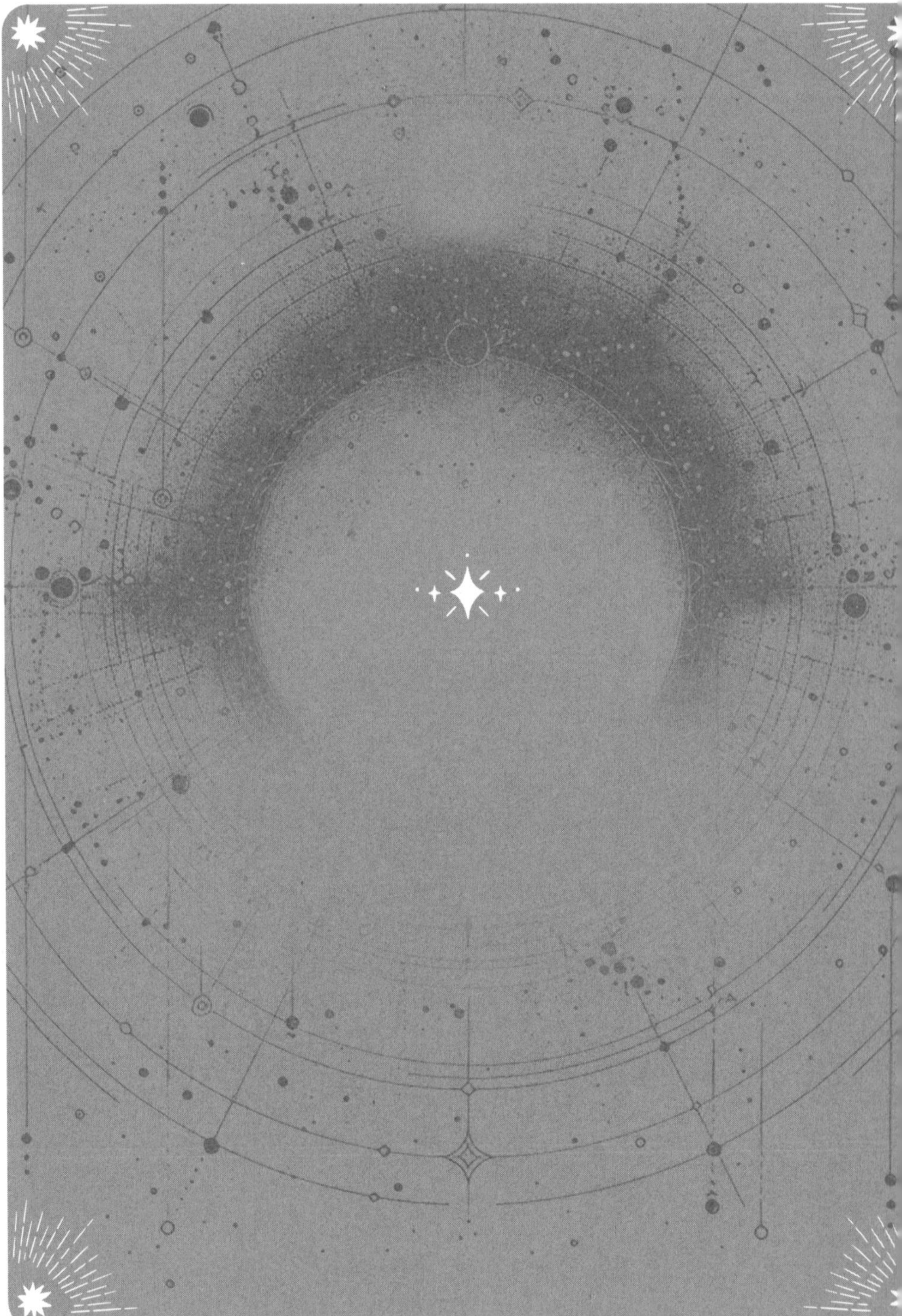

5
décembre

FABIENNE **MAILLEFER**

Communication intuitive : laissez les animaux vous parler

Et si vous pouviez avoir une conversation avec les animaux, que leur diriez-vous ? À 20 jours de Noël, faites une pause et laissez-vous envelopper par la sagesse de l'éléphant, par la compassion de la baleine et par la perspicacité de l'aigle. Accueillez leurs messages, acceptez leurs paroles, remerciez leurs bénédictions.

Ouvrir la voie-voix du cœur

Pour communiquer intuitivement avec le monde animal, mais aussi tout ce qui vit sur terre, quelques éléments, en plus des notions de visualisation ou de vision, sont à comprendre et à développer.

En effet, s'il ne s'agissait que d'appliquer une technique ou une « recette de cuisine » pour communiquer avec les animaux, tout le monde pratiquerait cet art aux quatre coins de la planète et le monde animal, mais aussi la nature en général, s'en porterait tellement mieux.

Eh bien, non, malheureusement, ce n'est pas aussi simple que cela. En effet, si l'aspect technique n'est pas très difficile à acquérir, **le plus compliqué est de faire la différence entre ce qui appartient à l'interprète animalier et ce qui appartient réellement à l'animal et/ou à son compagnon-humain.**

Il va donc falloir que vous puissiez identifier les émotions qui vous habitent chaque fois que vous voudrez connecter avec un animal, que ce soit le vôtre ou un animal sauvage.

Nota bene

Pour des raisons éthiques, il n'est pas question de communiquer avec un animal domestique appartenant à un tiers sans la demande expresse de son humain. En effet, que feriez-vous de la réponse de l'animal ? Et comment la transmettre à son maître, si celui-ci ne vous a pas sollicité et si, de surcroît, il ne croit pas à « toutes ces sornettes » ? Ce serait trahir la confiance de l'animal qui espérait, en livrant son ressenti, voir apparaître des changements dans sa vie. Donc une seule règle est à appliquer : je parle à un animal domestique avec l'autorisation de son humain et après lui avoir expliqué ce qu'est la communication animale intuitive et mon niveau de formation. OK ?

Pour pouvoir accéder à vos émotions, il faut tout d'abord retrouver la voie de votre cœur.

La clé de la communication animale intuitive réside dans la capacité à pouvoir distinguer à l'intérieur de soi ce qui vibre en nous, ce qui fait de chacun un être unique, rempli d'émotions à chaque instant, mais surtout conscient de celles qui l'habitent. Vous êtes donc invité, dès à présent, à vous « poser » à travers l'exercice suivant que je nommerai « la voie du cœur » et qui va vous permettre de réaliser quelles sont les émotions qui vous habitent à ce moment précis.

Avant de commencer l'exercice, prenez une feuille vierge et notez les sentiments/émotions que vous ressentez à l'instant. Si vous avez l'impression qu'il n'y a « rien », ne vous faites pas de souci, on y reviendra tout à l'heure. Si, au contraire, vous avez la sensation d'être envahi par une sorte d'agitation, essayez d'identifier ce qui se passe en vous et d'y mettre un qualificatif ou plusieurs, notez tout et ne censurez rien.

Installez-vous confortablement sur une chaise et concentrez-vous sur votre respiration. Vous allez utiliser la technique appelée « *box breathing* », ou respiration en carré ou en boîte. Je vous propose de régler votre chronomètre sur 5 minutes pour commencer, vous pourrez progressivement augmenter jusqu'à 20 minutes si vous le souhaitez.

1. Inspirez en remplissant complètement vos poumons et en comptant de 1 à 4.
2. Bloquez votre respiration, poumons pleins, en comptant de 1 à 4.
3. Expirez complètement en comptant de 1 à 4.
4. Bloquez votre respiration, poumons vides, en comptant de 1 à 4.

Puis recommencez immédiatement l'exercice, sans reprendre de respiration normale, et faites l'exercice pendant cinq minutes.

Les cinq minutes écoulées, vous reprenez une respiration normale et je vous invite maintenant, en fermant les yeux, à visualiser votre cœur pour la suite de l'exercice.

1. Visualisez et imaginez que votre respiration passe par votre cœur, comme si vous respiriez par lui et non plus par vos poumons.
2. Si des pensées telles que « Ce n'est pas possible, on ne peut pas respirer par le cœur » envahissent vos pensées, laissez-les simplement passer et continuez à fixer votre attention sur votre cœur.
3. À chaque inspiration, visualisez dans votre cœur comme un chemin qui s'ouvre et vous donne accès à tout l'amour, à toutes les émotions qui vous habitent en ce moment même.
4. Ne jugez rien, ne cherchez pas à contrôler ce qui se passe, soyez comme un visiteur dans un musée.
5. Baladez-vous sur ce chemin, explorez-le, découvrez-le.
6. Vous arriverez, à un moment donné, dans une pièce, votre salle de musique dans laquelle se trouve une magnifique harpe, entièrement en cristal, brillant de mille éclats, transparente, belle, sublime.
7. Arrêtez-vous devant la harpe et, comme si vous saviez déjà le faire (car vous savez le faire), jouez de cet instrument magique. Écoutez le son qui s'en échappe, c'est celui de la voix de votre cœur.
8. Restez aussi longtemps que vous voulez à jouer de la harpe, votre harpe. Le son qu'elle émet est unique, tout comme sa forme et la magie qu'elle opère directement dans votre cœur. Connectez-vous à elle, l'instrument vous invite à prendre le temps de l'écouter.

Une fois que vous aurez terminé ou que vous souhaitez simplement sortir de l'exercice, il vous suffit de prendre trois grandes respirations pour revenir dans le « ici et maintenant », assis sur votre chaise ou votre fauteuil.

Prenez maintenant le temps de noter les émotions qui vous habitent à côté de celles que vous aviez notées précédemment et constatez ce qui se passe pour vous, à l'intérieur de vous.

- Vous sentez-vous plus calme ?
- Avez-vous moins de pensées ?
- Avez-vous la sensation d'être plus en accord avec vous-même ?
- Vous sentez-vous plus ancré, plus centré ?

Je vous invite à répéter cet exercice aussi souvent que possible, il va vous permettre d'être sur le chemin de votre cœur, celui qui rejoint le cœur du monde animal.

Exercice de connexion pour recevoir les messages des animaux

Vous avez appris, à visualiser votre chemin du cœur, à jouer de la harpe dans votre salle de musique intérieure, et il y a fort à parier que vous avez adoré ce moment. C'est normal, notre cerveau apprécie énormément lorsque nous faisons taire notre mental et que nous nous reconnectons à nous-même. C'est dans ces moments-là que nous pouvons nous sentir complètement alignés, calmes et sereins.

Avez-vous remarqué que les animaux ont souvent l'air de « dormir » ? En réalité, ils ne dorment pas la plupart du temps, mais ils méditent, car ils se connectent eux aussi par la voie de leur cœur, pour être en lien avec qui ils sont. C'est une manière d'ajuster sérénité, calme et harmonie dans leur existence. Ils sont non seulement reliés à eux-mêmes dans ces moments-là, mais aussi à tous les êtres vivants qui les entourent et surtout à Gaïa, la Terre-Mère.

Comment faire le lien entre la voix du cœur et la communication intuitive ? Cette voix du cœur, lorsque nous sommes dans le ventre de notre

...

...

mère, devient une voie royale, car nous vibrons à elle tout le temps de la gestation, nous sommes encore en lien avec nos familles d'âmes et nous vibrons à l'unisson de la terre et du vivant. Cette expérience, aucune cellule de notre corps ne l'a jamais oubliée et je vous propose de faire l'exercice suivant pour la vivre en... plein cœur.

Tout d'abord, mettez l'intention de connecter avec un de ces trois animaux, selon vos préférences : un éléphant, un aigle ou une baleine.

1. Installez-vous confortablement, de préférence assis sur une chaise.
2. Disposez à portée de main un papier et un stylo pour prendre des notes.
3. Faites l'exercice de la respiration en carré une dizaine de fois, puis connectez-vous à la voie du cœur qui vous amène dans votre salle de musique, là où se trouve votre harpe.
4. Une fois arrivé devant la harpe, jouez de l'instrument tout en émettant l'intention de connecter avec l'âme de l'animal choisi.

5. Visualisez l'animal en train de vous rejoindre à l'endroit où vous jouez de la harpe.
6. Observez-le, laissez-le s'installer où bon lui semble, mais à une distance qui soit confortable pour vous.
7. Les animaux aiment vous entendre jouer de la harpe et vont se mettre au diapason de votre cœur sans que vous n'ayez rien à faire.
8. Laissez-vous porter par les émotions qui émanent de votre cœur.
9. Appréciez le moment et le contact avec l'animal. Il est là pour vous, pour votre bien.
10. Une fois que vous vous sentez en harmonie avec l'animal, à l'aise comme si vous le connaissiez depuis toujours, alors demandez-lui s'il a un message à vous transmettre.

11. Quelque chose que vous auriez besoin de savoir pour votre vie actuelle.
12. Prenez note de ce qu'il vous dit ou vous montre. L'animal peut symboliquement vous passer une information visuelle, auditive, ou encore kinesthésique, c'est-à-dire sous forme de ressenti. Ne cherchez pas à recevoir une information comme VOUS aimeriez qu'elle soit envoyée par l'animal, mais bien à accueillir ce que LUI vous envoie.
13. Une fois que la harpe cesse de jouer, alors il est temps de revenir.
14. Remerciez sincèrement l'animal pour cette rencontre de cœur à cœur.
15. Laissez l'animal à l'endroit où se trouve la harpe, dans la salle de musique de votre cœur, et en respirant trois fois profondément, à la troisième respiration, vous revenez dans l'ici et maintenant.
16. Je vous encourage à noter toutes les informations reçues et celles qui vous viennent, y compris à écrire l'histoire de votre rencontre avec l'animal ou la dessiner.

Vous pourrez refaire cet exercice aussi souvent que vous le désirez, avec l'animal de votre choix. Mais je vous invite à vous exercer d'abord tour à tour avec les trois animaux proposés, ils sont « programmés » pour nous accompagner, nous, les humains, dans notre démarche d'éveil spirituel, et ils ont toujours un message utile à nous transmettre, pour grandir et évoluer sur notre chemin de vie [1].

Pourquoi « programmés », me direz-vous ? Chaque animal choisi représente l'élément dans lequel il évolue : la terre pour l'éléphant, l'air pour l'aigle et l'eau pour la baleine. Dans les traditions chamaniques originelles, ces animaux, ou plutôt leurs énergies, accompagnent l'humain dans son évolution tout au long de son chemin de vie.

Que les animaux vous accompagnent en cette fin d'année, dans l'attente de Noël et de 2025. Ne doutez jamais de la puissance de leurs messages, de leur sagesse et de leur amour.

PS : les animaux ne sont pas les seuls à avoir un message pour vous…

1. Vous pouvez retrouver les messages de l'éléphant, de l'aigle et de la baleine dans le livre *Communiquer intuitivement avec les animaux*.

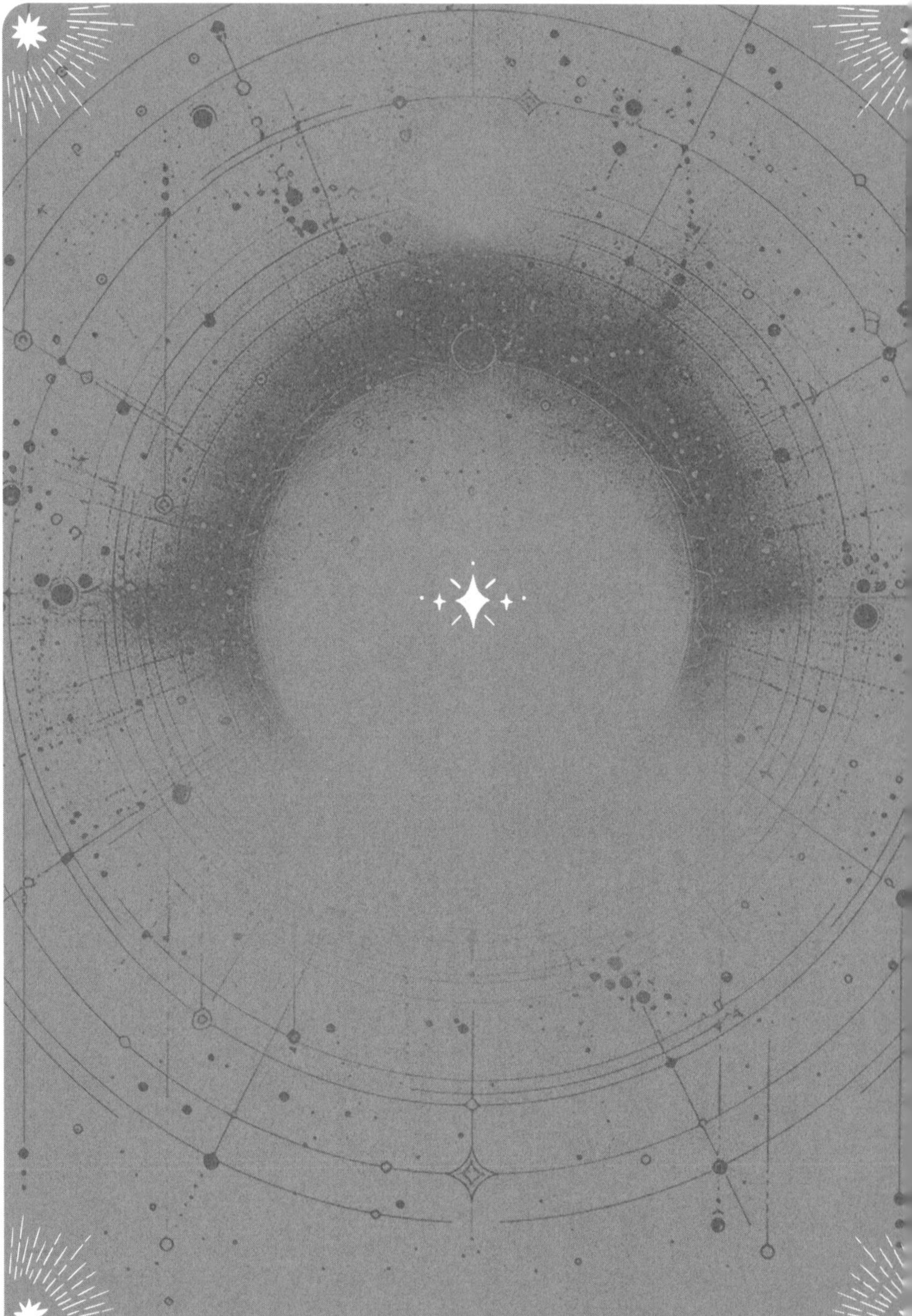

6
décembre

Tirages de cartes :
laissez-vous guider par leur magie

Vous êtes adepte des oracles, vous aimez faire des tirages pour trouver des réponses à vos questions ou simplement recevoir des signes de l'Univers ? Que diriez-vous de découvrir aujourd'hui toutes les astuces pour réaliser le meilleur tirage ?

Quiz : évaluez votre connexion à votre intuition et votre résilience mentale

✦

1. Lorsque vous prenez des décisions importantes, quelle est votre première réaction ?

✦ J'écoute mon intuition et mes sentiments intérieurs.

☾ Je réfléchis longuement et pèse les pour et les contre.

💎 Je trouve difficile de distinguer mon intuition de mes pensées rationnelles.

2. Comment réagissez-vous face à l'incertitude ou à l'inconnu ?

✦ J'accepte généralement les choses telles qu'elles viennent et je fais confiance au processus.

☾ Je ressens de l'anxiété et j'ai tendance à sur-analyser les situations.

💎 J'ai du mal à me détacher des pensées négatives et je me sens bloqué.

3. Lorsque vous méditez ou pratiquez des activités de pleine conscience, comment vivez-vous cette expérience ?

✦ Je me sens connecté à mon être intérieur et à mes sensations.

☾ Mon esprit est agité, et j'ai du mal à me concentrer.

💎 Mes pensées continuent de surgir et de m'envahir, rendant la méditation difficile.

4. Comment gérez-vous le stress ou les moments difficiles ?

✦ J'écoute mes besoins émotionnels et je trouve des moyens de me détendre.

☾ J'ai tendance à trop réfléchir et à me sentir submergé.

💎 Je lutte en vain pour me détendre, même en essayant différentes méthodes.

5. Comment décrivez-vous votre relation avec vos émotions ?

✦ J'accepte et respecte mes émotions, quelles qu'elles soient.

☾ Je me sens souvent dépassé par mes émotions et j'ai du mal à les comprendre et à les gérer.

💎 Je lutte pour exprimer mes émotions et les intégrer dans ma vie quotidienne.

6. Comment définiriez-vous votre niveau de confiance en vous ?

✦ J'ai confiance en mes choix et je crois en ma capacité à naviguer dans la vie.

☾ J'ai tendance à douter de moi-même et de mes compétences.

💎 Mon manque de confiance en moi m'empêche souvent de prendre des décisions.

Résultats :

Majorité de réponses ✦ : vous avez une bonne connexion à votre intuition et à votre voix intérieure et vous faites preuve d'une grande résilience mentale. Les exercices de connexion à votre intuition ne devraient pas être trop compliqués pour vous.

Majorité de réponses ☾ : votre mental peut parfois bloquer la connexion à votre intuition et affecter votre résilience. Essayez de vous connecter davantage à votre intuition pour réussir vos tirages de cartes.

Majorité de réponses 💎: votre mental semble avoir une forte influence sur votre connexion à votre intuition et à votre résilience. Essayez d'apaiser votre mental pour faciliter la connexion à votre intuition et bien réussir vos tirages de cartes.

Astuces pour développer son intuition

Pour développer son intuition, il est important de **l'exercer quotidiennement**. Pour l'entraîner tous les jours, voici quelques petites propositions :

- La prochaine fois que votre téléphone sonne, avant de regarder qui cela peut être, connectez-vous à votre intuition et, selon votre type de clairvoyance prédominant, laissez-le vous guider afin de savoir qui vous appelle.
- En voiture, connectez-vous à votre intuition pour savoir de quelle couleur sera la prochaine automobile que vous allez croiser.
- Prenez un oracle, un tarot ou tout autre jeu divinatoire, choisissez une carte que vous laisserez retournée, et connectez-vous à votre intuition pour ressentir les messages, avant de lire la signification.
- Prenez un objet, si possible ancien, tenez-le dans vos mains, et ressentez ou voyez les émotions ou les images qui vous viennent, puis renseignez-vous sur cet objet et son histoire.
- Quand vous vous promenez en forêt, connectez-vous à votre intuition pour savoir de quelle couleur sera la prochaine fleur que vous verrez.

Les étapes clés d'une séance de cartomancie

Étape 1 : la création d'un espace sacré

Un espace sacré aide à créer un environnement propice à la concentration et à la magie qui opère durant le tirage de cartes. Cela augmente aussi l'énergie spirituelle et intuitive dans cet espace et facilite la connexion avec des plans subtils.

Étape 2 : la purification du lieu

Pour purifier le lieu, vous pouvez utiliser certaines plantes, des encens ou bien un bâton de fumigation. Au-delà de l'odeur plaisante, la fumigation permet de purifier les énergies de la pièce, en rendant ainsi l'endroit plus propice à une connexion avec ses cartes et ses messages. Pour la purification d'un lieu, **la sauge, l'encens de copal, le benjoin, ou encore le romarin** sont généralement utilisés.

Étape 3 : l'ancrage

L'ancrage aide à calmer l'esprit, élimine les distractions et connecte à l'instant présent. Il permet **une meilleure concentration, une plus grande précision**, mais également un niveau d'énergie constant avant et après la séance de divination.

Pour vous ancrer, je vous invite à vous asseoir, ou bien à rester debout, les pieds, de préférence nus, sur le sol. Une fois les pieds bien posés à terre, visualisez des racines plongeant profondément dans la terre, et qui sortent de la base de votre colonne vertébrale, comme celles d'un arbre. Visualisez l'énergie de la terre montant le long de ces racines et alimentant vos pieds, vos jambes, votre colonne vertébrale et tout votre corps en énergie de stabilité.

Étape 4 : la demande de protection

Avant un tirage de cartes, il est préférable de **renforcer sa protection énergétique**. Plus vous serez ancré et protégé, et moins vous vous sentirez fatigué en faisant un tirage de cartes et plus vos tirages seront précis et justes. La protection vous permettra de ne pas absorber des énergies négatives extérieures, mais aussi de filtrer ces énergies qui pourraient gêner la lecture.

Pour se protéger, il existe plusieurs méthodes, l'une d'entre elles étant la visualisation. Ainsi, visualisez-vous enveloppé d'une bulle de lumière protectrice, qui empêche les énergies négatives d'entrer comme si elle était sacrée.

Une autre façon de se protéger énergétiquement est de placer **une pierre de protection** près de soi pour la séance de divination.

Étape 5 : la purification du jeu de cartes

Avant un tirage de cartes, il sera important de purifier le jeu de cartes, d'autant plus si vous l'utilisez pour la première fois ou que vous l'avez utilisé auparavant pour une autre séance de divination, afin de faire **un «reset» énergétique**.

Pour purifier votre jeu de cartes avant la séance, vous pouvez faire **une fumigation de purification**. Vous allez alors pouvoir passer le jeu de cartes ainsi que chacune des cartes dans la fumée, tout en visualisant les résidus énergétiques en train de s'évaporer.

Pendant que vous passez les cartes dans la fumée de purification, je vous invite à prononcer une incantation, en la répétant trois fois:

«Énergies passées, je libère avec art,
Cartes purifiées, prêtes pour ce départ.
Vérité révélée, en moi je l'accueille,
Messages clairs, en cette séance, s'éveillent.»

Étape 6: poser une intention profonde

La connexion avec ses cartes est nécessaire, car c'est ce qui fluidifie le passage d'énergie entre soi et son jeu. Pour cela, je vous invite à prendre le jeu de cartes dans vos mains, et à toucher chaque carte, afin de laisser le jeu s'imprégner de votre énergie. Vous pouvez alors poser l'intention précise que ce jeu vous aide à trouver des réponses, ou bien qu'il vous aide davantage dans les prédictions et la divination. Plus vous penserez à des intentions précises, plus le jeu vibrera et s'alignera avec votre intention.

Là encore, tout en gardant ces cartes dans vos mains, vous pourrez prononcer une incantation pour que ce jeu s'imprègne de vos énergies et vous aide au mieux:

«Cartes sacrées, en moi tu t'imbibes,
Messager des cieux, en toi je réside.
Guidance et lumière, à travers toi, s'expriment,
Que les messages viennent, en synchronie intime.»

Étape 7: la formulation de sa question

Si vous souhaitez une réponse précise, vous serez invité à **formuler une question précise et claire** pour éviter une réponse vague. Dans votre formulation, il sera important aussi de poser une question ouverte, sans suggérer une réponse particulière. Autre petit conseil, avant de formuler la question, il est également possible d'inclure le contexte, en s'exprimant à voix haute ou à voix basse.

Lorsqu'on a eu une réponse qui ne nous plaît pas après avoir posé une question et réalisé un tirage, il est inutile de reposer la même question. Le tarot n'est pas là pour nous dire ce que nous souhaitons entendre, mais pour nous donner un point de vue neutre.

Étape 8 : tirer les cartes

Voici les différentes étapes à suivre pour tirer une carte, une fois l'espace sacré créé.

Si le tirage est fait pour soi :

- Une fois la question posée, mélangez les cartes.
- Coupez les cartes. Posez le tas sur la table avec la main gauche. Généralement, le tas coupé par la main gauche sera alors déposé à gauche, et l'autre tas sera placé à droite.
- Une fois les cartes rassemblées, étalez-les en éventail et à l'envers. Ensuite, choisissez-les de façon intuitive selon votre tirage. Déposez toujours les cartes face cachée sur l'autel ou le tapis de tirage. Une fois que toutes les cartes sont tirées, vous pouvez les retourner.

Si le tirage est fait pour une autre personne :

- Battez les cartes, puis laissez le tas sur l'autel. Ensuite, demandez à la personne de couper le tas avec sa main gauche.
- Reprenez le tas et laissez les cartes en éventail. Demandez à la personne de choisir les cartes avec sa main gauche et de vous les passer sans les révéler. Ensuite, posez-les sur la table et, une fois que vous les avez toutes, retournez-les.

Voici une autre façon plus « rapide » de tirer les cartes et tout aussi juste. Mélangez les cartes dans vos mains, jusqu'à ce qu'une ou plusieurs tombent, et prenez ces cartes. Elles sont comme des messages envoyés par l'énergie de l'Univers.

Vous avez maintenant toutes les clés en main pour réussir vos tirages de cartes et être apaisé mentalement. Vous commencez à développer votre intuition et à lui faire confiance. Mais ne vous arrêtez pas là, nous avons le sentiment qu'un autre signe n'attend que vous...

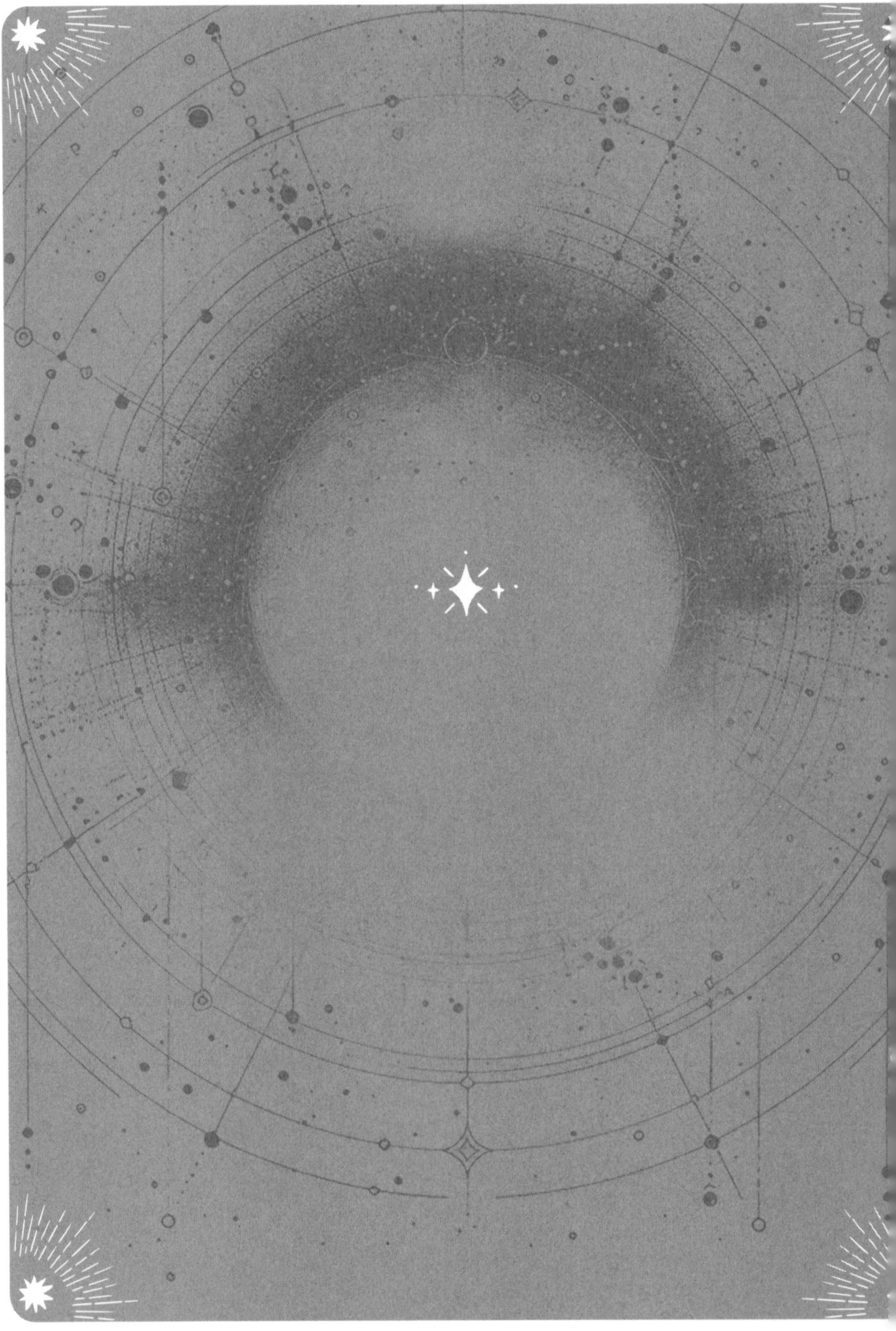

7 décembre

CÉLINE **COLLE**

Signes : l'Univers a un message pour vous…

En cette belle période de Noël, que diriez-vous si l'on mettait un petit peu de magie dans vos vies ? Apprenez aujourd'hui à reconnaître et accueillir les fabuleux messages que vous envoie l'Univers.

Qu'est-ce qu'un signe ?

Pour moi, un signe est une manifestation qui apparaît à la fois pour nous indiquer la présence d'autre chose et nous apporter une information sur ce que nous sommes en train de vivre. Cette autre chose, que je nommerai « Univers », peut être envisagée par certains comme un guide, un ange, un défunt, une figure divine, la Source créatrice… Quelle qu'elle soit, **elle est une force, invisible à nos yeux, silencieuse à nos oreilles,** la plupart du temps indétectable pour notre corps et insondable pour notre esprit. Il n'y a bien que l'âme qui sache parfois la reconnaître si on lui en laisse la possibilité.

Ne sachant pas, ou bien difficilement pour la plupart d'entre nous, capter les messages venus d'ailleurs, il fallait bien que cette autre chose se mette à notre niveau, en passant par nos moyens humains de communication, s'adaptant sans cesse à notre évolution. Les signes sont partout à qui sait les voir, les reconnaître.

Comment le reconnaître ?

Savoir reconnaître un signe dépend de notre capacité à ouvrir notre canal intuitif, notre perception des événements de la vie. Alors, comment distinguer un signe de l'Univers, d'un simple hasard ?

Pour qu'un signe soit considéré comme tel, il faut que trois ingrédients soient réunis :

- un événement inattendu ;
- une émotion forte ;
- une réponse ou un enseignement.

Imaginez... Vous êtes en train de penser très fort à quelqu'un ou à quelque chose et nourrissez des interrogations vis-à-vis de cette personne ou de cette situation. À ce moment précis, une chanson démarre à la radio. Si dans les paroles de cette chanson, vous entendez la réponse à votre question et que, de fait, vous ressentez une immense émotion, il s'agit de toute évidence d'un signe.

Quelles formes peut-il prendre ?

J'ai décidé de classer les différents signes en quatre catégories que je vous décris ici [2].

Le langage de l'Univers

La langue des oiseaux

Patrick Burensteinas dit que c'est **« l'art d'entendre les mots autrement »**. Cet art consiste à donner un sens nouveau à un mot ou à une phrase, soit par homophonie, soit par un jeu de mots, soit par le recours à la symbolique des lettres. Si vous commencez à tendre l'oreille, nul doute que vous entendrez des choses fascinantes. D'ailleurs, je connais des guérisseuses et des chamanes qui l'utilisent avec beaucoup d'humour et qui, pour parler de « la magie », préfèrent écrire « l'âme agit ». « Secrétaire »

2. Dans mon livre *Signes, interpréter les messages que l'Univers nous envoie*, les quatre catégories de signes sont illustrées par des anecdotes personnelles qui permettent une meilleure représentation.

devient alors «secret-taire», et «araignée» se transforme en «a régné». Si un mot revient souvent dans votre vie, ou apparaît dans un rêve sans que vous en compreniez le sens, essayez d'en trouver la signification cachée.

Les révélations fortuites

C'est une réponse à laquelle on ne s'attend pas, qui fait suite instantanément à une question que l'on se pose à soi-même. Ces questions non formulées à voix haute semblent parfois être tout de même entendues par nos guides invisibles qui prennent plaisir à nous répondre par des voies détournées : ce peut être le titre d'un article en ouvrant un magazine, les paroles d'une chanson en allumant la radio ou les propos d'un inconnu…

Les rencontres

Quand les interactions tissent la toile du destin

Parfois, telle péripétie arrive puis telle rencontre survient, entraînant elle-même un nouvel événement. Et puis, un jour, la dernière pièce du puzzle apparaît et nous comprenons le sens de certaines circonstances et la magie des rendez-vous. Nous découvrons, émerveillés, le magnifique canevas tissé pour nous. **Ne sous-estimez jamais une rencontre,** car elle peut apporter bien plus que ne le laissent croire les apparences…

Apparition d'animaux

Les animaux qui apparaissent sur notre chemin (lors d'une balade, dans un magazine, sur une affiche en centre-ville, sur les réseaux sociaux…) **viennent souvent nous délivrer un message** sur notre santé, nos finances, nos relations, nos attitudes. Ce qu'ils sont en train de faire vient nous apporter un éclairage supplémentaire. Si vous croisez un serpent, il vous annoncera une transformation intérieure profonde à venir. Un renard vous invitera, par exemple, à vous méfier d'une relation…

Songes endormis, rêves éveillés et voyages chamaniques

La plupart de nos rêves ont une signification psychanalytique. Cependant, il arrive parfois qu'un rêve nous apparaisse différent des autres, nous laissant au réveil une impression forte et le souvenir précis d'une direction à prendre, d'un conseil à appliquer, d'un avertissement… **Faites-vous confiance et suivez le guide**.

Les rêves éveillés et les voyages chamaniques peuvent nous reconnecter à nos vies antérieures ou à nos mémoires transgénérationnelles et détenir ainsi de grandes leçons et de puissantes guérisons.

Ces nombres qui nous entourent

Tout est énergie, tout est vibration et chaque nombre possède sa propre fréquence. Si un nombre est très présent à un moment de votre vie, soit qu'il apparaît dans les heures, le numéro des lieux où vous vous rendez, à travers un nouveau numéro de téléphone ou tout autre chose (les numéros sont partout autour de nous), **demandez-vous ce que ce nombre vient vous murmurer**...

Quand nous commençons à leur prêter attention, il devient vite évident que les signes sont partout, tout le temps, qu'il n'appartient qu'à nous d'apprendre à les lire et d'accepter ainsi de nous laisser diriger par l'Invisible.

Amusez-vous avec les messages du quotidien

Prenez une feuille blanche.
Découpez cinq morceaux de taille identique. Sur chaque petit papier, notez l'un des thèmes suivants : note de musique ; rencontre ; lecture ; rêve ; objet sur le chemin. **Vous pouvez également imprimer les cartes grâce au QR code.**
Repliez vos petits papiers et mélangez-les dans un bol.
Concentrez-vous et demandez simplement : « Univers, quel sera mon canal de communication dans les jours qui viennent ? »

...

...

Note de musique

Cette carte vous invite à être attentif aux chansons et aux mélodies qui vont vibrer dans votre quotidien ces jours-ci. **Prêtez l'oreille** lorsque vous allumez la radio et même lorsque vous changez de fréquence. Si vous êtes actuellement en pleine interrogation sur un domaine de votre vie, que vous avez un choix difficile à faire, écoutez bien les paroles des chansons qui viennent à vous. Celles-ci sont en anglais ou dans une autre langue, mais vous sentez qu'elles parlent à votre cœur ? Fiez-vous à votre ressenti et allez découvrir la traduction du texte et le sens des paroles.

Rencontre

Cette carte vous invite à être attentif non seulement aux personnes que vous allez attirer à vous aujourd'hui et les jours prochains, mais aussi, et surtout, aux messages conscients ou inconscients que ceux-ci vont vous transmettre. **Dans les propos d'un inconnu, vous découvrirez peut-être une réponse à la question** que vous vous posez depuis longtemps, une idée lumineuse, une inspiration, une solution, une mise en garde. Il se peut aussi que cette personne soit un maillon de la chaîne qui vous relie à votre projet, à votre plus grand rêve.

Intéressez-vous aux propos de cette personne, mais aussi à ce qu'elle fait dans la vie. C'est en s'ouvrant aux autres, en s'intéressant à eux, en échangeant avec eux que l'on ouvre le champ des possibles.

Lecture

Cette carte vous invite à être attentif à toutes les lectures qui tomberont entre vos mains ou sous vos yeux aujourd'hui et les jours prochains. Les sources d'informations dans ce domaine peuvent être nombreuses. Il pourra s'agir en effet d'une publication sur un réseau social, d'un magazine, d'un prospectus, d'un livre bien sûr... **La réponse à votre question du moment peut être absolument limpide** et contenue dans une citation, un témoignage, un article, un titre, un slogan, un courrier...

Il vous appartient de **rester en veille** et de sentir lorsqu'une phrase va venir faire écho à une émotion, une question ou une problématique du moment.

Rêve

Cette carte vous invite à être attentif aux rêves que vous ferez cette nuit et les prochaines. Si vous vous réveillez et qu'un rêve vous a marqué, c'est pour que vous vous en souveniez. Prenez le temps de le raconter en prenant quelques notes. Une fois le récit retranscrit dans les détails, procédez à son interprétation. **Cherchez la signification symbolique des éléments** qui composent votre rêve et tentez de les relier à ce que vous vivez actuellement.

Qu'il s'agisse d'un message de votre inconscient, de votre âme, d'un guide ou d'un défunt, celui-ci saura vous indiquer ce qui entrave votre progression ou la marche à suivre pour avancer. Quelle que soit la teneur du message, ne doutez pas que celui-ci vous a été délivré pour vous aider.

Objet sur le chemin

Cette carte vous invite à être attentif aux objets, aux éléments que l'Univers mettra sur votre route. Une plume blanche vous apparaît à terre pendant votre balade ? Votre ange gardien vous fait savoir qu'il est bien là, à vos côtés. En préparant le déjeuner, vous tombez sur une pomme de terre en forme de cœur ? L'amour est sans doute votre préoccupation du moment et l'Univers vient vous dire qu'il est partout autour de vous et qu'il faut d'abord aller le chercher en vous (la pomme de terre pousse à l'intérieur de la matrice). Vous vous prenez les pieds dans un tapis ? Il est temps peut-être de libérer ce que vous avez pendant si longtemps ignoré, mis sous le tapis, et qui pèse sur votre cœur et votre vie.

Si un objet se retrouve entre vos mains ou à vos pieds, que celui-ci vous bouscule, vous effraie, vous émeuve de quelque manière que ce soit, **il n'est pas apparu par hasard**. Demandez-vous ce que celui-ci réveille en vous, son utilité et, mieux encore, sa symbolique.

Nous vous souhaitons à tous un merveilleux éveil aux messages que l'Univers vous envoie, à cette magie qui vibre autour de vous, et nous vous promettons que votre vision de la vie s'en trouvera particulièrement embellie. Excellente suite d'aventure au sein de ce grimoire féerique...

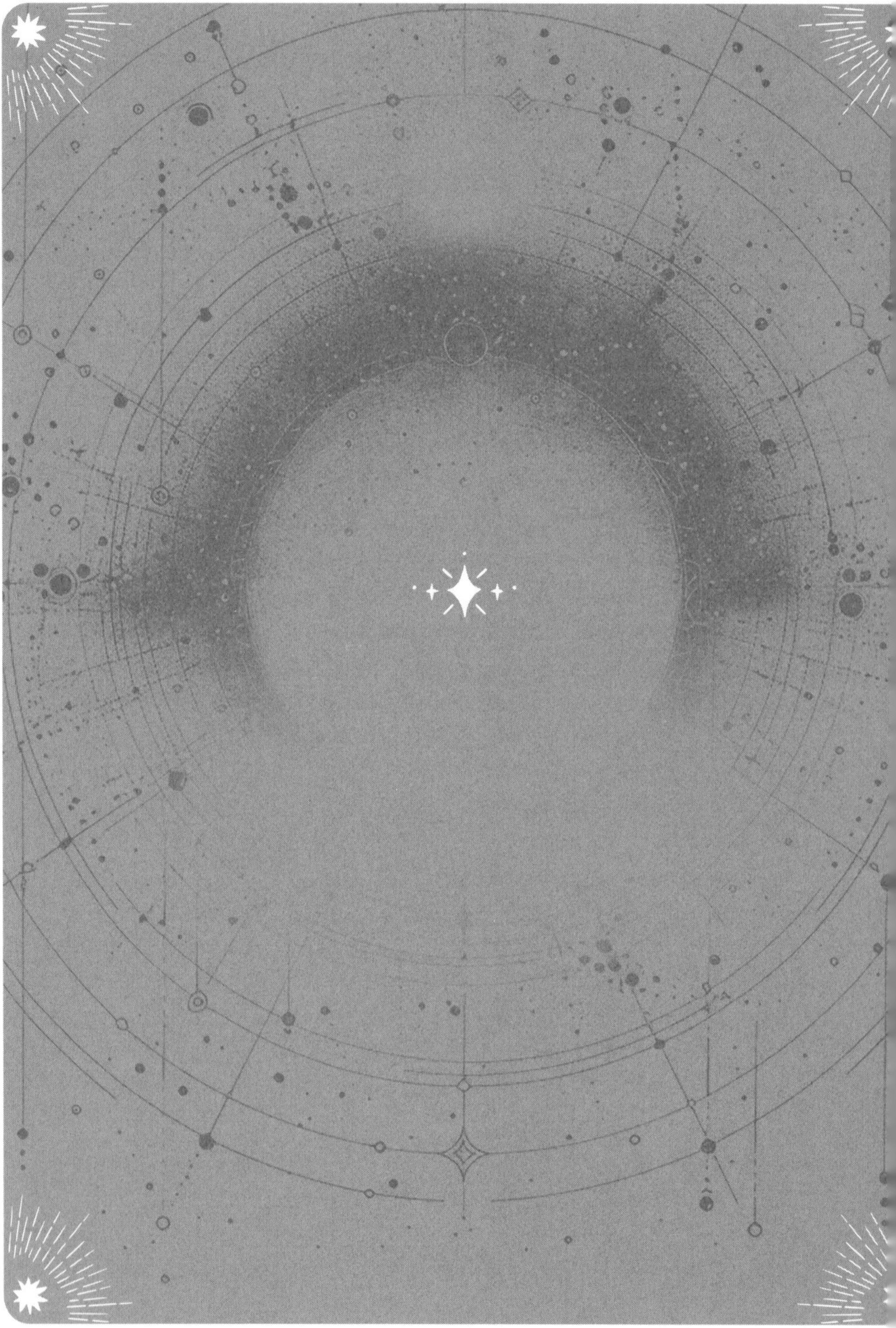

8 décembre

EMMANUELLE **JOHNSON**

Shadow Work :
transcendez vos parts d'ombre

Décembre est synonyme de repli sur soi et de travail intérieur. Et si vous utilisiez ce mois pour accepter vos parts d'ombre ? Êtes-vous prêt à sortir de votre zone de confort pour devenir la meilleure version de vous-même ?

Qu'est-ce que le Shadow Work ?

Shadow Work signifie littéralement « travail sur l'ombre ». C'est en fait une méthode **d'introspection profonde de l'être et de l'âme** visant à accueillir, intégrer, travailler et mettre en lumière les parties enfouies, niées, rejetées ou ignorées de nous-même.

Aujourd'hui démocratisée sur la Toile et dans la littérature du développement personnel, elle est en réalité issue de la psychologie analytique et transpersonnelle de **Carl Jung**. Cet intellectuel avait une vision holistique, c'est-à-dire une vision d'ensemble et d'entièreté de l'humain : il pensait que l'âme devait être étudiée, tout autant que l'inconscient, car ces deux pans de l'être et de la psyché sont indissociables.

Selon lui, l'ombre joue un rôle fondamental : elle représente tout ce que nous cachons aux autres et bien souvent à nous-même afin de correspondre aux attentes d'un système familial sociétal. Cette zone comporte tous les interdits et nos sentiments, nos pulsions, nos émotions et nos désirs refoulés.

Ce qu'il faut comprendre, c'est que si l'ombre est négligée, voire ignorée, son tapis grandit, s'épaissit et finit par surgir hors de sa cachette : nous la projetons alors sur l'autre, qui devient le grand coupable de tous nos échecs et de tous nos maux, c'est le fameux « effet miroir ». Alors que si nous apprenons à dialoguer avec elle, nous verrons la lumière de notre être et de notre âme, et nous entrerons ainsi dans notre plein potentiel humain, psychique et énergétique.

Reconnaître ses principales zones d'ombre

Les blessures émotionnelles

- **La blessure de rejet:** cette blessure trouve sa source dans le passé, principalement dans l'enfance et l'adolescence. La personne a pu faire face à des situations répétées de rejet ou qu'elle a interprétées (parfois à tort) comme telles.
- **La blessure d'abandon:** cette blessure se caractérise par une peur panique d'être laissé, quitté ou abandonné par l'autre. On y retrouve une mésestime de soi-même, une anxiété et des insécurités chroniques.
- **La blessure d'humiliation:** cette blessure heurte l'ego dans tout ce qu'il est. Elle se caractérise principalement par une dévalorisation, et une perte d'estime et de repères. Elle est d'autant plus inscrite si la blessure survient dans la phase de la construction de l'ego pendant l'enfance.
- **La blessure de trahison:** elle affecte principalement la confiance et la loyauté que l'on porte à l'autre. Ces personnes ont tendance à se montrer suspicieuses et à ne jamais faire confiance à autrui.
- **La blessure d'injustice:** elle est l'expression de la non-reconnaissance. La personne ne s'est pas sentie reconnue pour ce qu'elle était, pour ce qu'elle a fait à sa juste valeur, ce qui va générer une frustration forte, surtout si la situation se répète.

Les « blessures » de l'âme ou la blessure karmique

- **Les mémoires karmiques:** elles sont l'histoire de nos incarnations successives, de l'apprentissage de notre âme, et le réservoir de ses expériences. Certaines incarnations peuvent se révéler plates: l'apprentissage est alors acquis en douceur. Ces incarnations simples peuvent se succéder jusqu'au jour où une incarnation marquante apparaît sous la forme d'une vie intense humainement, spirituellement ou énergétiquement, une vie marquée par un inconscient collectif fort, par des rencontres d'âmes fortes, des amours karmiques forts qui peuvent laisser des traces à l'âme. Les traces énergétiques héritées d'une vie antérieure traumatique peuvent se répercuter sur l'incarnation présente, notamment par des biais comportementaux.
- **Les « blessures » (mémoires) transgénérationnelles:** On appelle « mémoires transgénérationnelles » les **mémoires héritées de nos**

ancêtres, les traumatismes, les schémas, les conditionnements ou les bénéfices de leurs actions passées. La mémoire de ces actions pèse sur notre psyché jusqu'à s'inscrire dans nos cellules (d'où le terme de *mémoire cellulaire*).

Les traumatismes psychologiques

- **Le traumatisme de développement :** il est aussi appelé traumatisme embryonnaire. Il s'agit là d'une expérience traumatique vécue par le fœtus lors de son stade de développement dans l'utérus.
- **Le traumatisme de naissance :** le passage du nouveau-né d'un environnement calme, sécurisant, chaud et sombre à l'air, à la lumière vive, au bruit et aux stimuli soudains de la vie peut se révéler traumatique.
- **Le traumatisme de perte ou de deuil :** ce traumatisme s'inscrit directement dans la perte de l'autre, de l'être aimé, de l'objet d'attachement. Il s'ensuit en général une perte de repères, la sensation d'être abandonné, d'être laissé de manière injuste.
- **Le traumatisme de menace de mort :** ce traumatisme survient lorsque la personne voit son intégrité physique ou morale blessée ou attaquée. Celle-ci peut alors plonger dans un état de choc ou de sidération, un phénomène psychologique connu lorsque l'être humain se trouve face à quelque chose qui menace sa vie.

Opérer un travail de l'ombre avec la magie et les arts divinatoires

Pour entrevoir nos zones d'ombre, nous devons être capable de prendre du recul sur nous-même, d'accueillir et de reconnaître ce qui ne va pas, ce qui doit être guéri et transcendé pour permettre à la lumière de percer et briller. Cette autocritique nécessaire nous demande de dialoguer avec notre ego et ses mécanismes de défense : il doit baisser la garde pour nous laisser approcher l'ombre en nous.

Certains arts énergétiques ancestraux, tels que les arts divinatoires et la magie, sont de précieux outils pour effectuer une partie de ce travail.

Les arts divinatoires

Ils permettent le travail énergétique de l'intention, de l'intuition, et nous poussent pour cela à travailler notre neutralité et notre objectivité envers autrui ou nous-même. Pratiquer un art divinatoire demande une capacité de recul pour interpréter les messages.

Méthodes de tirage (pour tout support)

Le tirage unique

Ce tirage est idéal pour débuter un travail d'intuition.

1. Posez une carte face cachée sur la table.
2. Tentez de deviner la nature ou le message délivré par cette carte. Cela peut être l'image, le mot ou le message qui la caractérise.
3. Retournez-la et vérifiez si vos ressentis sont en accord avec elle.

Avec le tirage unique, vous ouvrez également votre canal intuitif et médiumnique, et vous vous entraînez à écouter vos ressentis.

1. Choisissez pour cela une seule carte.
2. Lisez son message.
3. Regardez attentivement l'image, le dessin ou le symbole associé.
4. Mettez-vous à l'écoute de vos ressentis. Que cela suscite-t-il en vous ? Le message ou l'image réveille-t-il des émotions ?
5. Prenez ensuite un instant pour méditer sur votre expérience et intégrer les énergies qui vous ont traversé.

Le tirage multiple

1. Tirez le nombre de cartes qui vous semble nécessaire.
2. Interprétez l'ensemble de ces cartes, mais gare à l'interprétation individuelle qui ne vous donnerait que des messages mis bout à bout sans grand sens.
3. Ne vous contentez pas des descriptifs, associez-les au contexte et à la situation au moment du tirage, à la question ou à la problématique qui vous taraude l'esprit. La difficulté d'un tirage est la neutralité, surtout pour soi-même. Nous aimerions tous que l'oracle réponde en notre faveur et aurions tendance à l'orienter.

La magie

En plus d'apprendre à maîtriser notre énergie et nos intentions, la magie nous permet de nous concentrer et de nous focaliser sur nos ressentis et sur les messages qui peuvent nous être délivrés par les mondes subtils. En effet, lorsque vous préparez un rituel de magie, vous entrez dans une phase méditative, donc de concentration, et votre mental finit par baisser la garde. L'âme, l'esprit et le cœur sont alors disponibles pour recevoir les énergies magiques et les rituels.

Rituel des petits papiers brûlés

Voici un rituel simple et efficace, consistant à marquer sur le papier ses zones d'ombre, ses intentions et la force de sa volonté. La gestuelle et la symbolique du feu vont permettre à l'information de s'inscrire dans la conscience et de faciliter sa mise en œuvre dans la matière.

Matériel

- Une bougie blanche.
- Encens, sauge, laurier ou romarin.
- Du papier blanc.
- Un stylo (rouge de préférence).

Marche à suivre

1. Commencez par purifier votre espace rituel à l'aide d'encens, de sauge, de laurier ou de romarin.
2. Prenez une feuille blanche, que vous découperez en plusieurs rectangles.
3. Allumez la bougie.
4. Inscrivez une attitude, un comportement, une peur, une angoisse ou un conditionnement dont vous souhaiteriez vous débarrasser et qui entrave votre évolution personnelle, vos zones d'ombre en somme !
5. Brûlez chaque papier, un à un, en déposant l'intention de travailler la zone inscrite, de faire en sorte qu'elle prenne moins de place dans votre vie, qu'elle cesse de vous freiner.
6. Laissez la bougie se consumer entièrement.

Rituel de magie égyptienne de l'œil d'Horus

Ce rituel permet d'être aidé par les mondes subtils pour éclairer notre chemin.

Matériel

- Du papier ou du parchemin.
- De l'encens (songez au kyphi, encens primordial de l'Égypte antique) ou une plante purificatrice, telle que la sauge blanche, le romarin ou le laurier.
- Un feutre noir.

Marche à suivre

1. Comme à l'accoutumée, purifiez votre espace de travail avec les herbes ou l'encens.
2. Dessinez un œil d'Horus (*oudjat*) au feutre noir sur votre papier.
3. Posez votre main gauche sur l'*oudjat* puis la droite par-dessus et dites : **« Hor, toi qui éclaires les sentiers et guides les pèlerins, porte en cette amulette la faculté de voir clairement le bon chemin que son détenteur doit prendre pour connaître la gloire et la paix. »**

Rappelez-vous, l'intention est la clé !

Votre initiation au *Shadow Work* s'arrête ici, et nous espérons que vous aurez réussi à comprendre et accepter vos parts d'ombre afin de les travailler et de révéler votre pleine lumière intérieure. Ne vous en faites pas, la magie continue, et les cartes n'ont pas fini de vous montrer le chemin…

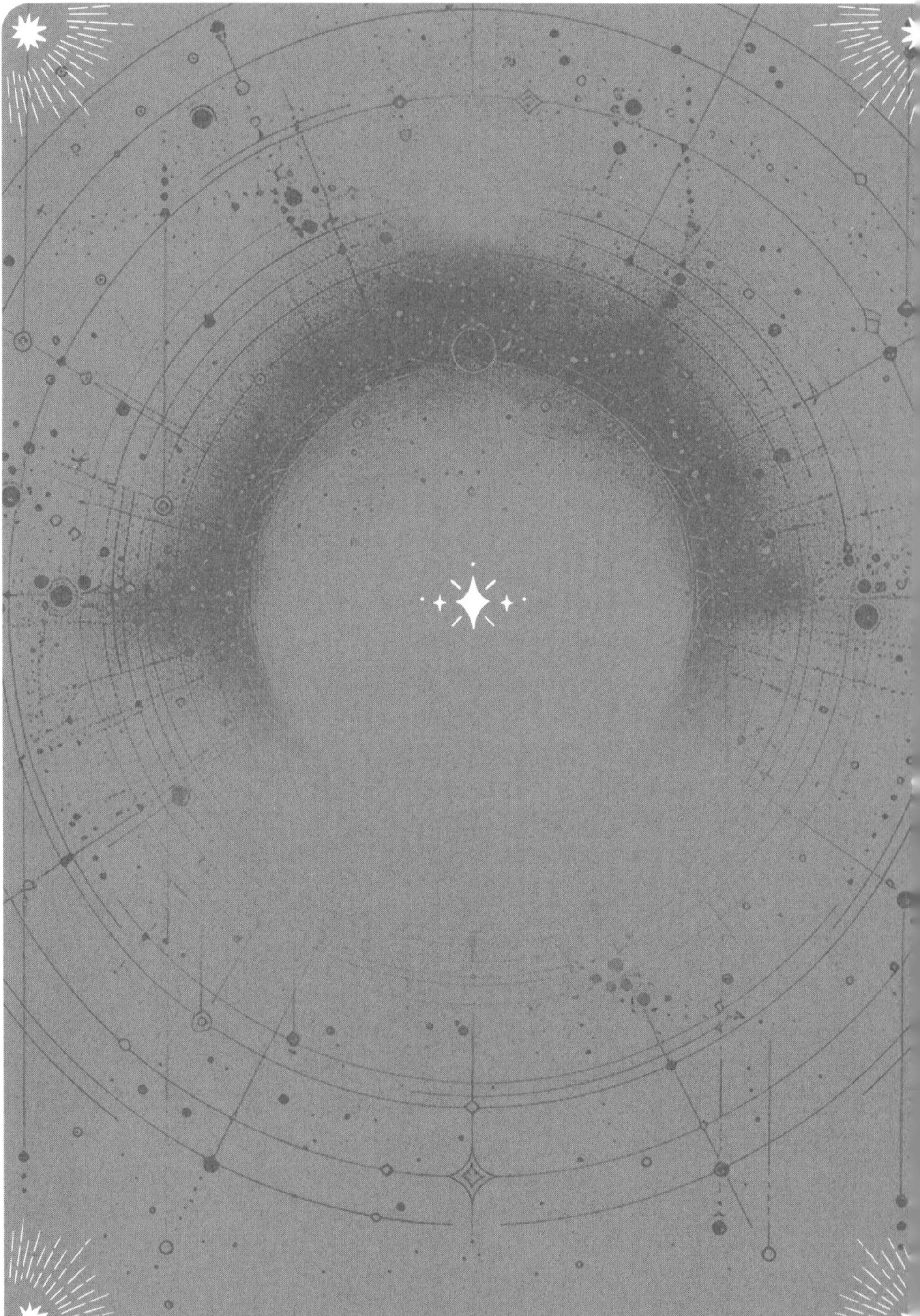

9
décembre

CHRISTIAN **VIDAL**

Cartomancie : les cartes vous parlent…

Êtes-vous adepte des jeux de cartes ? Vous êtes-vous déjà demandé si l'avenir pouvait se lire dans le tarot ? Aujourd'hui, vous allez pouvoir découvrir plusieurs méthodes de tirage, afin de recevoir toutes les réponses que vous désirez. Soyez attentif…

Les grands principes du tirage

Les questions sont la raison d'être du tirage

Si l'on souhaite tirer les lames du tarot divinatoire, c'est évidemment parce que l'on a des interrogations. Certains de ces questionnements sont diffus, d'autres précis et souvent interdépendants. Il appartient au tarologue de reformuler pour apporter une cohérence à la question. De la clarté de la formulation dépend la qualité de la réponse proposée par les lames du tarot. « **Les bonnes questions conduisent aux bonnes réponses** ».

Il faut orienter la consultation

Sauf pour un tirage annuel, qui a vocation à apporter un éclairage d'ensemble sur une période donnée, l'interrogation ne doit pas être trop vaste, sinon elle perd son sens. Il faut donner une direction. Questionnons le tarot sur un thème spécifique, et le lien se fera naturellement avec d'autres domaines.

Déroulement du tirage

La question est posée, puis elle est reformulée par le tarologue. Celui-ci demande au consultant de penser intensément à cette question, pour lui donner plus de force. Le tarologue invite le consultant – ou pas – à couper le jeu. Le fait de couper transmet aux lames l'énergie du consultant.

La coupe s'effectue de la façon suivante : le jeu est posé, face cachée, devant l'interlocuteur. Celui-ci, de sa main gauche (la main du cœur), prend une partie des cartes et les pose, en tas, à côté du tas initial. Il retourne les deux tas, dans le sens où ils sont posés devant lui.

Le tarologue analyse ensuite les deux tas de la coupe. Celle-ci permet de donner une direction au tirage. Cette analyse effectuée, le tarologue rassemble de nouveau les arcanes en un seul tas, qu'il dépose face au consultant. D'un revers de main, le tarologue balaye le jeu pour que les cartes soient étalées sur la table devant le consultant pour lui permettre de choisir. Il demande au consultant de sélectionner un certain nombre de cartes, une par une. Le tarologue les place ensuite, face cachée, devant lui. Lorsque toutes les cartes du tirage sont bien à leur place (selon le type de tirage adopté), le tarologue les découvre, une à une, et donne son interprétation.

Impliquer le consultant dans le tirage

Personnellement, je place les cartes tirées par le consultant à l'endroit face à lui, ce qui est un moyen de l'impliquer davantage dans le tirage. D'ailleurs, je commente chaque carte tirée pour qu'il comprenne le sens du tirage.

Le tirage à une carte

Le tirage à une carte est le plus simple possible. On l'utilise habituellement pour notre tirage personnel quotidien, dans le but de voir la tendance de la journée, ou de façon ponctuelle pour avoir réponse à une question spécifique.

En fonction de la règle que l'on a fixée, on peut tirer soit seulement un arcane mineur (le moins courant), soit seulement un arcane majeur.

Le tirage à deux cartes

Avec deux cartes, le champ des possibilités d'interprétation est évidemment plus large. Les questions sont de type binaire : blanc-noir, positif-négatif, avant-après, ce qui est possible ou ce qui ne l'est pas, le présent-le futur, le brun ou le blond ? etc.

Comme on l'a vu, le plus pratique est de tirer les deux cartes à partir du jeu complet des 78 arcanes, comprenant les majeurs et les mineurs.

On peut aussi, pour une question simple, diviser notre jeu en deux tas, l'un composé d'arcanes majeurs et l'autre des mineurs, et tirer une lame dans chacun des tas. L'idée est ici d'avoir l'éclairage à la fois des majeurs et des mineurs, relativement à la question posée. Je ne suis pas adepte, car cela restreint, à mon sens, le champ du possible.

Bien sûr, la possibilité de ne tirer que parmi les majeurs ou que parmi les mineurs existe toujours.

Le tirage à trois cartes

Le tirage à trois cartes est le plus élaboré parmi les tirages simples, et c'est l'un des plus pratiqués, en raison de son aspect logique et progressif. Il favorise les interrogations en trois temps, ou avec trois facettes : présent-passé-futur, thèse-antithèse-synthèse, le pour-le contre-la conclusion, etc.

La première carte tirée est placée au centre, la deuxième est placée à gauche et la troisième à droite.

La Croix celtique

Le tirage en Croix celtique est en quelque sorte **la star des tirages du Rider-Waite-Smith**, dont il favorise une lecture efficace. Les règles en ont été élaborées par A. E. Waite, l'auteur du tarot, qui recommande l'usage de ce tirage aussi bien pour les débutants que pour les praticiens confirmés.

Ce tirage de la Croix celtique a pour principal intérêt de **fonctionner dans pratiquement toutes les situations**. Il permet en effet de répondre à une question précise ou bien de donner une direction par rapport à une problématique ou thématique donnée.

Tirage en Croix celtique

Déroulement du tirage en Croix celtique

1. **Énoncé de la question.** Le consultant pose sa question. Le tarologue la reformule si besoin, pour orienter correctement le tirage.

2. **Le tarologue bat le jeu.** Le tas des 78 arcanes est ensuite disposé face cachée devant le consultant, mais à l'endroit par rapport à lui (et donc à l'envers par rapport au voyant).

3. **Coupe de deux.** Sur demande du tarologue, le consultant coupe une fois, en deux, le jeu face cachée, de sa main gauche, de la droite vers la gauche. Il place chacun des deux tas devant lui, toujours face cachée, dans son sens de lecture. La main gauche est celle qui permet au consultant de transmettre son fluide dans le jeu.

...

…

4. **Analyse de la coupe de deux.** Le consultant retourne les deux tas, de sa main gauche ou droite, pour que la face cachée de chacun d'eux devienne visible. Chaque tas est disposé dans le sens de lecture du consultant (à l'envers, par rapport au voyant). L'aperçu de chaque tas permet d'avoir une vue d'ensemble sur le tirage et de voir vers quelle direction se dirige le consultant. C'est un peu l'équivalent d'un tirage à deux cartes. Le tas de gauche, par rapport au voyant (droite, par rapport au consultant) évoque le présent-passé et le tas de droite, par rapport au voyant (gauche par rapport au consultant) évoque le présent-futur.
5. **Sélection et positionnement des arcanes.** Le tarologue réunit de nouveau les deux tas de cartes, pour n'en former qu'un seul, qu'il dispose sur la table, face cachée, dans le sens de lecture du consultant et devant celui-ci. D'un revers de main, le voyant répartit les cartes, face cachée, devant le consultant. Le consultant choisit, de préférence de sa main gauche, 6 cartes qu'il dispose, face cachée, sur la table. Le voyant positionne les lames au bon endroit, face cachée :
   - **La première carte** est placée au centre. Elle désigne le consultant dans la situation présente, ainsi que sa problématique ou ses préoccupations.
   - **La deuxième carte** est posée en travers de la première, toujours face cachée, et représente l'environnement ou les défis auxquels le consultant est confronté.
   - **La troisième carte** est placée à gauche de la première, à gauche du voyant et à droite du consultant. Elle représente le passé proche.
   - **La quatrième carte** est posée à droite de la première, à droite du voyant et à gauche du consultant. Elle représente le futur proche, les événements qui doivent se produire si le consultant n'agit pas sur son destin.
   - **La cinquième carte** est placée en bas de la première carte, proche du voyant et à l'opposé du consultant. Elle exprime la cause profonde, éclairant la situation présente du consultant.
   - **La sixième carte** est posée à l'opposé de la cinquième. Elle est la plus proche du consultant et représente le destin de celui-ci, par rapport à la question ou la problématique posée. C'est la seule carte du tirage pour laquelle le libre arbitre du consultant ne peut pas jouer.

6. **Découverte des lames.** Le consultant dévoile les cartes une par une, dans l'ordre présenté par le schéma ci-dessus, et procède à l'interprétation au fur et à mesure. Si les informations reçues sont suffisantes, le tirage s'arrête là et ressemble à un tirage en Croix classique.

7. **Tirage de quatre cartes supplémentaires.** Si le voyant estime qu'il faut donner d'autres informations, ce qui est le plus souvent le cas, il demande au consultant de sélectionner quatre autres cartes. Le voyant positionne alors les cartes supplémentaires en colonne, comme sur le schéma, en commençant par le bas par rapport à lui (et par le haut, par rapport au consultant) :
   - **La septième carte** représente l'état d'esprit du consultant, et le rôle qu'il peut jouer par rapport à sa question.
   - **La huitième carte** renseigne sur le rôle que l'environnement du consultant peut jouer par rapport à la question posée. Dans le domaine de l'amour, cette carte peut désigner la personne aimée par le consultant (conjoint, amoureux, etc.). Dans le domaine professionnel, cette carte peut désigner un patron, un responsable, des collègues de travail, etc.
   - **La neuvième carte** représente les déceptions ou les attentes possibles du consultant.
   - **La dixième carte** propose les actions à mener à court terme.

Vous voilà maintenant paré pour réaliser vos prochains tirages. Quelle question allez-vous poser : une direction pour la nouvelle année, une interrogation sur votre avenir sentimental, professionnel ou amical ? Il ne vous reste plus qu'à vous lancer. Patientez encore un peu, car notre petit doigt nous dit que quelqu'un a un message pour vous. À demain !

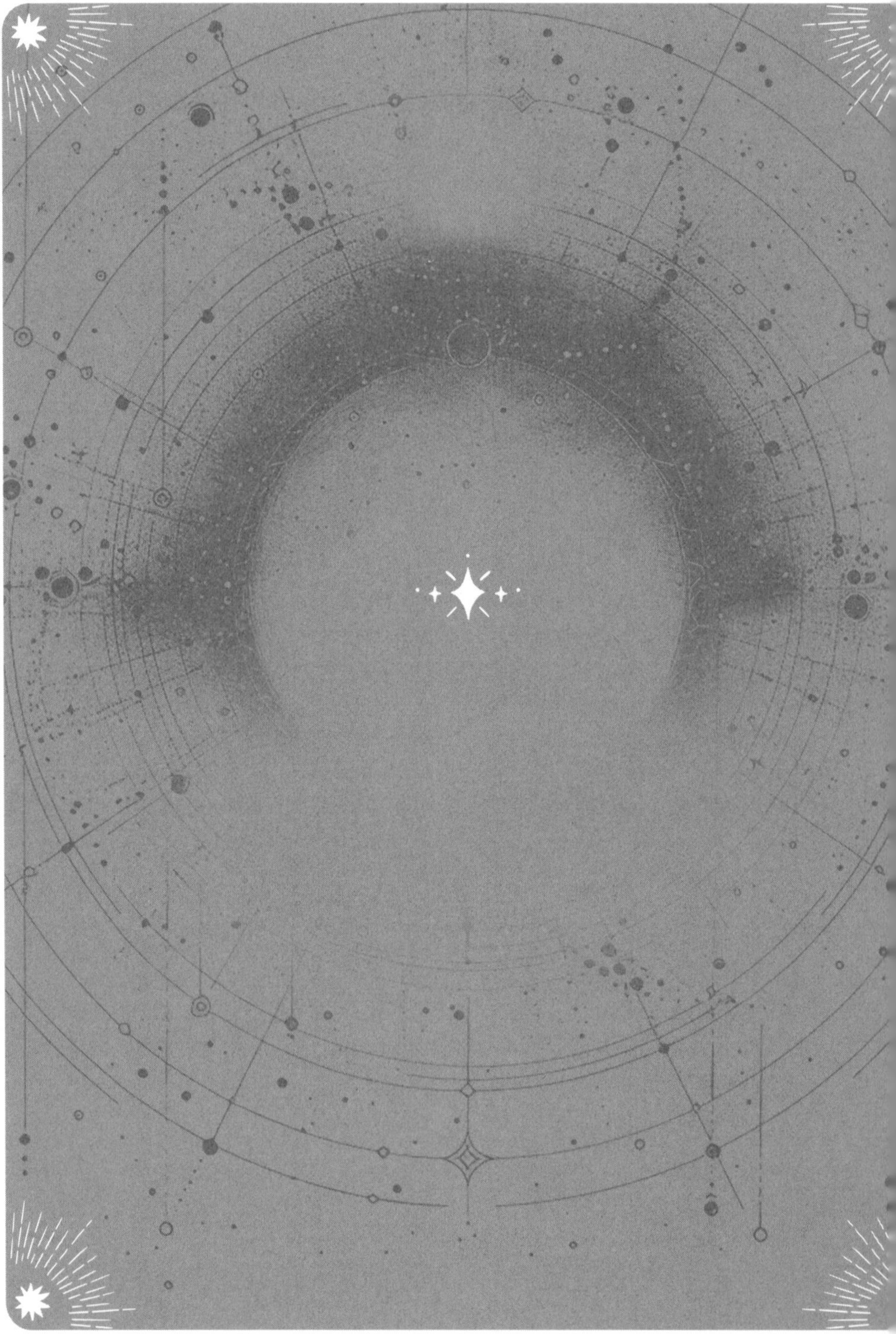

10
décembre

SABRINA **ROMEO-DUSSART**

Les contes de notre enfance : Casse-Noisette toque à votre porte

Décembre est synonyme de fête, d'émerveillement et de magie. Que diriez-vous de replonger dans vos années d'innocence le temps de quelques pages ? Laissez-vous porter par ce conte merveilleux, explorez ses messages cachés, et découvrez comment il résonne avec les défis et les triomphes de votre propre existence, car les contes sont bien plus que de simples histoires. Ce sont des récits riches en métaphores et en symboles, porteurs de vérités universelles sur la nature humaine.

L'histoire

Casse-Noisette et le Roi des souris se déroule lors d'une fête de Noël chez les Stahlbaum. Clara et Fritz, les enfants de la maison, reçoivent de nombreux cadeaux. Parmi eux se trouve un casse-noisette en forme de soldat en bois, offert par leur oncle mystérieux et inventif, Drosselmeyer.

Fritz casse accidentellement le jouet, que Clara tente de réparer avec un ruban. Plus tard dans la nuit, Clara retourne auprès du sapin de Noël pour retrouver le casse-noisette. Alors qu'elle s'endort, elle plonge dans un rêve étrange et fantastique. Elle rêve que le casse-noisette prend vie et combat une armée de souris dirigée par le Roi des souris. Grâce à Clara, le casse-noisette remporte la victoire et se transforme en prince qui l'emmène dans un royaume enchanté où ils rencontrent la Fée Dragée, au royaume des délices. Ils assistent à un magnifique spectacle de danse, où les personnages de sucre prennent vie. Ils dansent ensemble avant de dire au revoir à ce royaume féerique. À son réveil, Clara découvre qu'elle est de retour chez elle et réalise que tout cela n'était qu'un merveilleux rêve de Noël.

Mots clés

- Bravoure
- Imagination
- Compassion
- Féerie
- Amitiés
- Affronter ses peurs
- Famille

Éléments symboliques de *Casse-Noisette et le Roi des souris*

- **Casse-Noisette:** symbolise la protection et la force pour Clara. Il incarne la puissance, le courage, mais également l'imagination et la créativité.

- **Le Roi des souris:** représente les peurs de l'enfance et les obstacles qui doivent être surmontés pour grandir.

- **La Fée Dragée:** est un symbole de lumière, de pureté, de protection et d'harmonie. Elle guide les autres personnages à travers leur voyage dans le royaume enchanté, et représente tout ce qui est bon et bienveillant.

Personnalité des personnages principaux

Clara

Clara incarne l'innocence de l'enfance. Elle est présentée comme une jeune fille douce et aimante, qui croit en la magie de Noël, et qui est remplie de curiosité et d'émerveillement. Grâce à son imagination débordante et à sa belle créativité, la jeune fille est capable de s'évader dans un monde fantastique. Clara est également une jeune fille généreuse et compatissante. Dans son rêve, pour aider son ami le Prince Casse-Noisette à vaincre le Roi des souris, elle fait preuve de bravoure, de courage et de détermination.

À travers son voyage dans le royaume enchanté, Clara grandit et mûrit. Elle apprend des leçons importantes sur elle-même et sur le monde qui l'entoure, ce qui la conduit à une meilleure compréhension de sa propre identité et de sa place dans le monde.

Casse-Noisette

Casse-Noisette est d'abord présenté comme un simple jouet en bois offert à Clara. Cependant, lorsque la bataille contre le Roi des souris commence, il se transforme en un prince courageux et protecteur, prêt à défendre Clara contre le mal. Le Prince Casse-Noisette fait preuve d'une grande détermination et d'une force intérieure impressionnante. Sa condition initiale ne l'entrave pas dans son combat courageux contre le Roi des souris pour protéger Clara. Après avoir vaincu le Roi des souris, le Prince Casse-Noisette exprime sa gratitude et sa reconnaissance à la petite fille. La transformation du casse-noisette en Prince symbolise la croissance et la transformation personnelle. Malgré sa nouvelle forme de prince, le Casse-Noisette conserve sa gentillesse et sa sensibilité. Il se montre attentif aux besoins de Clara et cherche à la protéger à tout prix.

La Fée Dragée

La Fée Dragée est un personnage central et hautement symbolique. Elle protège Clara et le Prince Casse-Noisette, et les guide à travers leur voyage dans le royaume enchanté. Elle représente donc la bienveillance et la protection.

La Fée Dragée est aussi associée à la lumière et à la pureté, par son costume scintillant et élégant, et ses mouvements gracieux qui évoquent la beauté. Elle est le symbole de tout ce qui est bon et lumineux dans le conte. Sa danse, empreinte de légèreté, la rend irrésistiblement attirante, et est souvent interprétée comme une récompense pour l'imagination et la bravoure de Clara et du Prince Casse-Noisette après avoir surmonté les épreuves du royaume des délices.

Interprétation du conte *Casse-Noisette*

Le conte *Casse-Noisette et le Roi des souris* peut être interprété d'un point de vue psychologique comme une représentation symbolique du développement de l'enfant et de son accession à la maturité.

Le voyage de Clara dans le royaume enchanté est initiatique : elle passe de l'enfance à l'adolescence. Elle découvre de nouveaux mondes, surmonte des obstacles et apprend des leçons importantes sur elle-même et sur le monde qui l'entoure.

Les différents personnages du conte peuvent être vus comme des aspects de la psyché de Clara. Par exemple, Casse-Noisette peut représenter sa force intérieure et sa capacité à faire face aux défis de la vie, et la Fée Dragée, son innocence et sa pureté. Quant au Roi des souris, il peut symboliser les peurs présentes en elle.

Le conte met en avant le pouvoir de l'imagination comme moyen de se soustraire à la réalité et de faire face aux difficultés de la vie. Clara utilise son imagination pour créer un monde fantastique où elle peut échapper à ses peurs et à ses angoisses.

Le Roi des souris représente les peurs et les angoisses de l'enfance. Dans le conte, Clara entre dans le royaume enchanté et combat aux côtés du Prince Casse-Noisette. En le confrontant et en le vainquant, ce sont ses propres peurs que Clara surmonte, démontrant ainsi sa force intérieure. Malgré la peur, Clara et le Prince restent forts et unis, ce qui leur permet d'affronter l'adversité et de remporter la victoire. La transformation du Casse-Noisette symbolise le fait de puiser dans sa force intérieure pour acquérir le courage de franchir les obstacles de la vie, des valeurs incarnées par le Prince Casse-Noisette.

À la fin du conte, Clara et le Prince Casse-Noisette sont récompensés pour leur bravoure et leur détermination.

La famille de Clara, y compris son oncle Drosselmeyer, joue un rôle important dans le conte en lui offrant soutien et réconfort. Ils représentent un refuge sûr pour Clara, où elle peut trouver amour et soutien face aux défis de la vie.

La période de Noël a également son importance, car elle est souvent associée au thème du renouveau et de la transformation. Dans le conte, le casse-noisette est offert à Clara comme cadeau de Noël. Ce cadeau joue un rôle central dans l'histoire, car il symbolise la transformation de Clara et son voyage initiatique dans le monde fantastique du Casse-Noisette. Noël est considéré comme une période magique de l'enfance, où les rêves deviennent réalité. Ici, la magie de Noël permet à Clara de vivre une aventure extraordinaire dans un monde féerique, où elle rencontre des personnages enchantés et vit des expériences magiques.

Enfin, Noël est une période de l'année où les familles se réunissent pour célébrer et partager des moments de bonheur ensemble. Noël est également associé à l'amitié, comme en témoigne l'amitié entre Clara et le Prince Casse-Noisette.

En résumé, *Casse-Noisette et le Roi des souris* peut être interprété comme une représentation symbolique des mécanismes psychologiques et émotionnels de l'enfance, y compris l'imagination comme mécanisme de défense, le processus de maturation et le soutien de la famille, sans oublier l'importance d'affronter ses peurs de l'enfance.

Message du conte *Casse-Noisette*

L'histoire féerique de Casse-Noisette vous enseigne une leçon de bravoure et l'importance de combattre ses peurs. Tout comme Clara, vous vivez parfois des situations qui vous effraient et vous semblent insurmontables. Mais comme elle, vous avez en vous la force et le courage nécessaires pour surmonter vos peurs et les obstacles qui se dressent sur votre chemin.

***Casse-Noisette et le Roi des Souris* vous rappelle que même lorsque vous êtes confronté à vos peurs les plus profondes, il est important de ne pas baisser les bras et de continuer à avancer avec courage et détermination.** Car c'est souvent en affrontant vos peurs que vous découvrirez votre véritable force intérieure et que vous êtes capable de réaliser de grandes choses.

En cette période de fêtes, je vous souhaite donc de faire preuve de courage et de vous inspirer de l'histoire de Clara pour lutter contre vos propres peurs et concrétiser vos rêves les plus chers. N'oubliez pas que la magie de Noël est bien présente pour ceux qui continuent d'y croire.

N'abandonnez jamais votre imagination ni vos rêves d'enfant. Toutes ces histoires que vous lisiez lorsque vous étiez plus jeune réapparaissent aujourd'hui dans votre vie pour vous adresser un message. Ce n'est pas par hasard que vous avez posé vos yeux sur ce livre, que vous avez lu ce message. Accueillez leurs enseignements à bras ouverts. Et maintenant, nous vous suggérons d'écouter votre intuition.

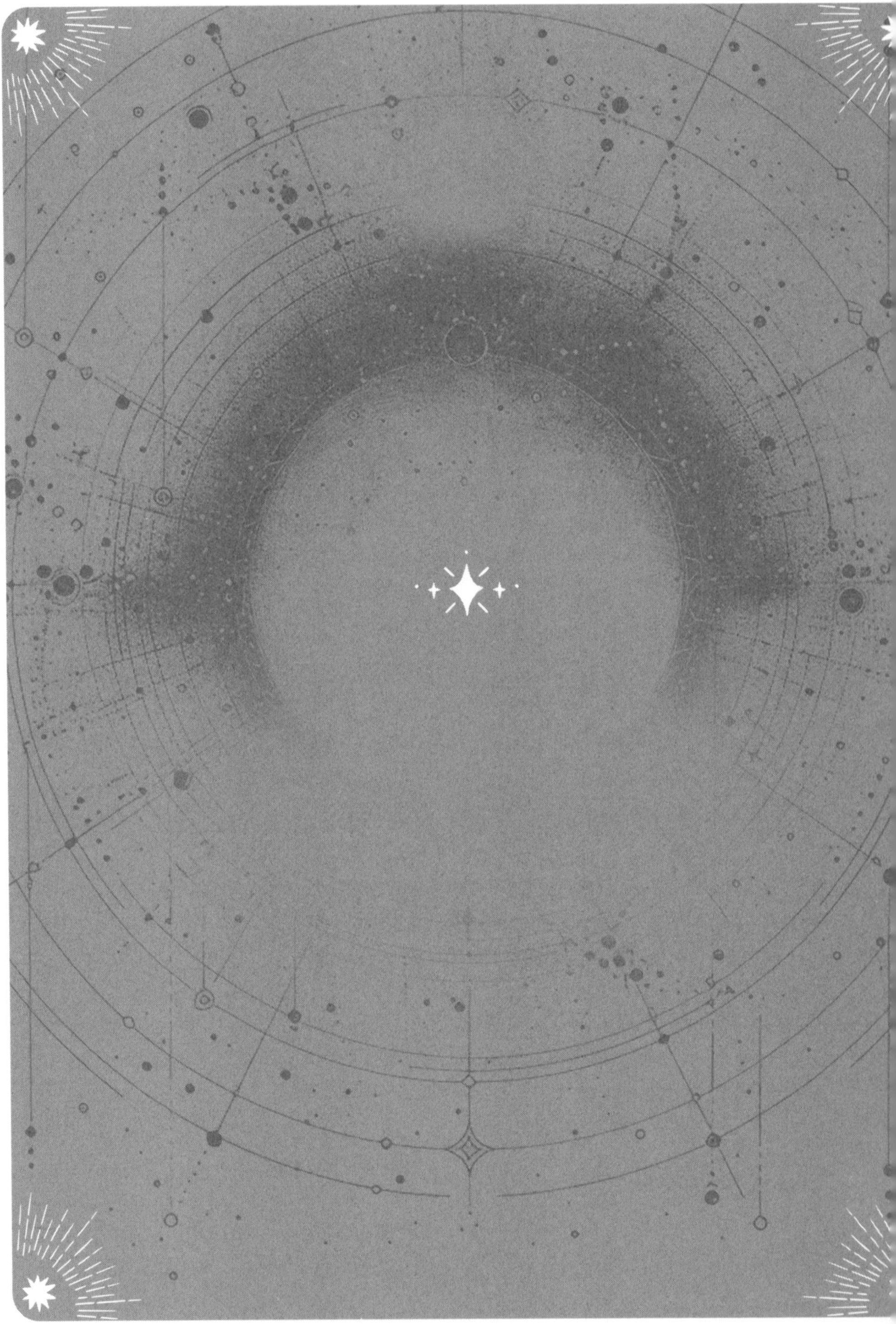

11
décembre

FABIENNE **MAILLEFER**

Intuition :
faites-vous confiance

Vous est-il déjà arrivé de penser à quelqu'un et que cette personne vous contacte peu après ? Avez-vous déjà eu un pressentiment qui s'est avéré ? Tout cela relève de l'intuition, et aujourd'hui, nous vous mettons au défi de la développer, car tout le monde peut être intuitif, il suffit de s'entraîner !

Développer son intuition : un état d'esprit

Une seule règle pour développer votre intuition : **votre état d'esprit !**

Vous pouvez suivre des dizaines de formations, si votre état d'esprit n'est pas branché sur le mode « gagnant », les résultats seront à la hauteur de ce que vous pensez ! Ce qui empêche nombre d'entre vous d'avoir accès à votre intuition, ce sont les obstacles de votre vécu, de vos expériences, de votre éducation, de vos représentations, de vos peurs, de vos jugements et des croyances que vous vous êtes construits autour.

Don ? Compétence ? Quelle est la différence ?

Si je vous dis que le don est quelque chose que l'on reçoit, alors que la compétence est quelque chose qui peut se développer ?

Là est toute la différence, du moment que **l'intuition n'est pas un don tombé du ciel**, cela veut dire que TOUT LE MONDE peut être intuitif. Chouette, non ?

Intuition et déduction

Commençons déjà par poser le décor : **nous sommes tous doués d'intuition et de facultés déductives, mais souvent, nous mélangeons les deux choses.** Ce qui a permis à l'humain de progresser, de découvrir de nouvelles techniques, de nouveaux systèmes de pensée, ce sont avant tout ses facultés intuitives. N'est-il pas pertinent que l'homme des cavernes ait plutôt utilisé son intuition pour se sortir de situations critiques ou simplement pour améliorer son quotidien ? Vous me direz : « Oui, mais la découverte du feu, ce n'est pas de l'intuition. »

Effectivement, il s'agit de déduction à partir de l'observation, mais probablement aussi d'une bonne dose d'intuition pour réussir à trouver qu'en frottant fortement deux pierres entre elles ou deux morceaux de bois, on arrive à faire jaillir une flamme.

Quand l'intuition précède la déduction et le raisonnement, alors les découvertes et l'eurêka ! peuvent fonctionner et amener des solutions auxquelles personne n'aurait pensé jusque-là. Mais l'erreur la plus fréquente chez l'intuiteur débutant, c'est de commencer à chercher une solution sans avoir interrogé au préalable ses ressentis.

Vous allez peut-être avoir des difficultés à me croire, mais l'imagination, c'est de l'intuition. On a relégué sous nos latitudes le monde imaginaire aux artistes, aux écrivains, aux conteurs et, bien sûr, au monde de l'enfance. Et pourtant, **l'imagination est bien une forme exprimée de l'intuition.** C'est cette partie si importante de nous-même que nous exprimons à travers notre créativité, elle-même alimentée par notre imagination, moteur de notre intuition.

L'intuition serait donc un produit issu d'une compétence de notre cerveau, différente des capacités cognitives (ce qu'on qualifie d'intelligence).

Ce qui différencie l'intuition de la déduction, c'est le processus. Pour la première, il est souvent spontané, inattendu et fugace. Pour la seconde, il est le produit d'une réflexion, d'un processus cognitif. En réalité, nous avons besoin des deux processus afin de « faire quelque chose » des informations intuitives reçues, **mais pas en même temps.**

En quelque sorte, lorsque je reçois une information intuitive, je n'ai souvent pas conscience que c'est de l'intuition. C'est au moment où cette information vient à mon esprit que je vais pouvoir, grâce à une réflexion ou à mon bon sens, déduire et mettre en place l'information intuitive. Ce n'est pas clair ?

Un exemple

Vous êtes allongé tranquillement dans votre jardin, à la plage, en plein *farniente*. Vos pensées vont et viennent sans que vous ayez à vous en préoccuper, et puis là, sans crier gare, vous avez une idée, ou plusieurs d'ailleurs. Cette idée, lorsque vous la recevez, elle arrive à vous à l'état brut, sans réflexion. C'est une idée issue de votre intuition (votre imagination, diront certains, mais qu'importe, puisque l'une est indissociable de l'autre). Puis, lorsque vous prenez cette idée pour en faire quelque chose, vous enclenchez des processus cognitifs.

L'intuition peut se révéler à nous de plusieurs manières qui peuvent être à la fois visuelles, auditives, kinesthésiques, olfactives, etc. Lorsque vous avez des prémonitions ou que vous imaginez quelque chose et que cela se passe de manière fortuite, sans volonté propre, on peut alors considérer cela comme de l'intuition.

L'intuition est donc l'ensemble des idées imaginaires, qui sont le produit de notre inconscient.

Exercice : interrogez votre intuition

La première étape indispensable pour entraîner son intuition est de se relaxer totalement. Vous pouvez, au préalable, écouter une méditation guidée. Puis il s'agit de développer ses cinq sens (son toucher, son ouïe, son goût, son odorat et sa vue), car cela constitue la base de l'intuition. Partant du principe que pour pouvoir utiliser votre intuition, il faut vous connecter ou vous reconnecter à vos sensations de manière à pouvoir les décrire dans leurs moindres détails, il est primordial d'effectuer des exercices qui peuvent paraître anodins, mais qui vous serviront par la suite. Vous pouvez, pour ce faire, trouver des exercices sur Internet.
Avant de vous lancer dans l'exercice, prenez le temps de vous centrer, de disposer autour de vous les éléments qui vous sont familiers, de prendre quelques respirations profondes. En résumé, de prendre le temps de vous mettre dans de bonnes dispositions avant de vouloir pratiquer !

Première partie de l'exercice

1. Tout d'abord, faites un exercice de relaxation, par exemple une méditation.
2. Notez dans un cahier l'heure du début de votre exercice. Si, si, c'est important !
3. Regardez la photo ci-après, c'est un morceau du buste en bronze d'un personnage célèbre décédé.

4. Ne cherchez pas à deviner qui se cache derrière ce buste, mais reprenez votre feuille et votre stylo, et notez tout ce qui vous vient.
5. N'oubliez pas, l'objectif n'est pas de trouver, mais de ressentir !
6. Posez-vous maintenant les questions suivantes et répondez-y par écrit dans votre cahier :

- Comment était la vie de ce personnage ?

...

…
- Dans quel type d'environnement vivait-il ?
- Était-il seul ? En famille ?
- Comment était-il dans la vie, socialement, professionnellement ?
- Quelle était la langue du pays où il résidait ? Essayez d'entendre les gens parler autour de ce personnage.
- Quels étaient ses passions, ses hobbys ?
- Qu'a-t-il fait dans sa vie pour devenir célèbre ?
- Etc. N'oubliez pas d'interroger vos cinq sens, dessinez le personnage ou son environnement. N'effacez rien, ne censurez rien, amusez-vous !
- Essayez de vous concentrer pendant au moins quinze minutes.

Deuxième partie de l'exercice

Ça y est, vous avez terminé ? Alors, je vous propose trois personnages ci-dessous et le résumé de leur vie. Regardez laquelle de ces vies se rapproche le plus du personnage célèbre que vous avez décrit et notez le nom de cette personne.

- **Napoléon Ier Bonaparte** naît à Ajaccio. C'est le premier empereur des Français. Général en chef des armées, il tente de briser les coalitions de monarchies européennes contre la France. Pour cela, il conduit ses armées de l'Italie à l'Égypte, de l'Autriche à la Pologne. Il remporte de nombreuses victoires et annexe de nombreux pays, gouvernant ainsi une partie de l'Europe occidentale. Despote et guerrier, il mène aussi des combats très meurtriers. La défaite de Waterloo met fin à l'Empire napoléonien. Il vit une passion sans faille avec Joséphine de Beauharnais, son premier grand amour. Napoléon est exilé par les Britanniques sur l'île Sainte-Hélène, il y mourra et y sera inhumé.
- **Auguste Rodin** est l'un des plus grands sculpteurs français du XIXe siècle. En partie à cause de sa forte myopie non détectée, il suit des études médiocres et gardera longtemps le handicap de la maîtrise du français. Sa vocation lui sera révélée par la visite d'un cours où des élèves pétrissent de la glaise. Échouant au concours de l'École des beaux-arts de Paris, il s'engage comme artisan-praticien dans des ateliers de divers sculpteurs. À la suite de la mort de sa sœur

Maria, Rodin entre au noviciat pour quitter la congrégation quelque temps plus tard. Il épouse à 77 ans Rose Beuret dont il partage la vie depuis cinquante-trois ans, non sans avoir vécu quinze ans de passion tumultueuse avec Camille Claudel. Par sa capacité de travail et d'organisation, Rodin laisse une œuvre hors norme.

- **Vasco de Gama** est d'origine portugaise, il est né dans une petite ville portuaire de la côte sud-ouest du Portugal. Grand navigateur, il est considéré comme le premier Européen à arriver aux Indes par voie maritime en contournant le cap de Bonne-Espérance. Il mènera plusieurs grandes flottes de navires à travers trois grands voyages. Toutefois, il tombe en disgrâce en donnant l'assaut contre un navire marchand ramenant des gens de La Mecque. Il sera alors mis à la retraite avec sa famille à Évora, au Portugal. Contrairement à Christophe Colomb, il ne laissera aucun récit de ses voyages.

Réponse

Vous trouverez la réponse grâce à ce QR code[3].

Quelle que soit l'issue de cet exercice, n'oubliez pas que vous devez vous entraîner bien plus d'une fois pour développer votre intuition. La bonne nouvelle ? Ce calendrier de l'Avent regorge de techniques et conseils pour vous y guider. Pourquoi ne pas retenter durant les prochains jours ? Notre « petit doigt » nous dit que demain, vous pourrez de nouveau faire appel à votre intuition…

3. Cet exercice est tiré du livre *Se relier au vivant par l'intuition*.

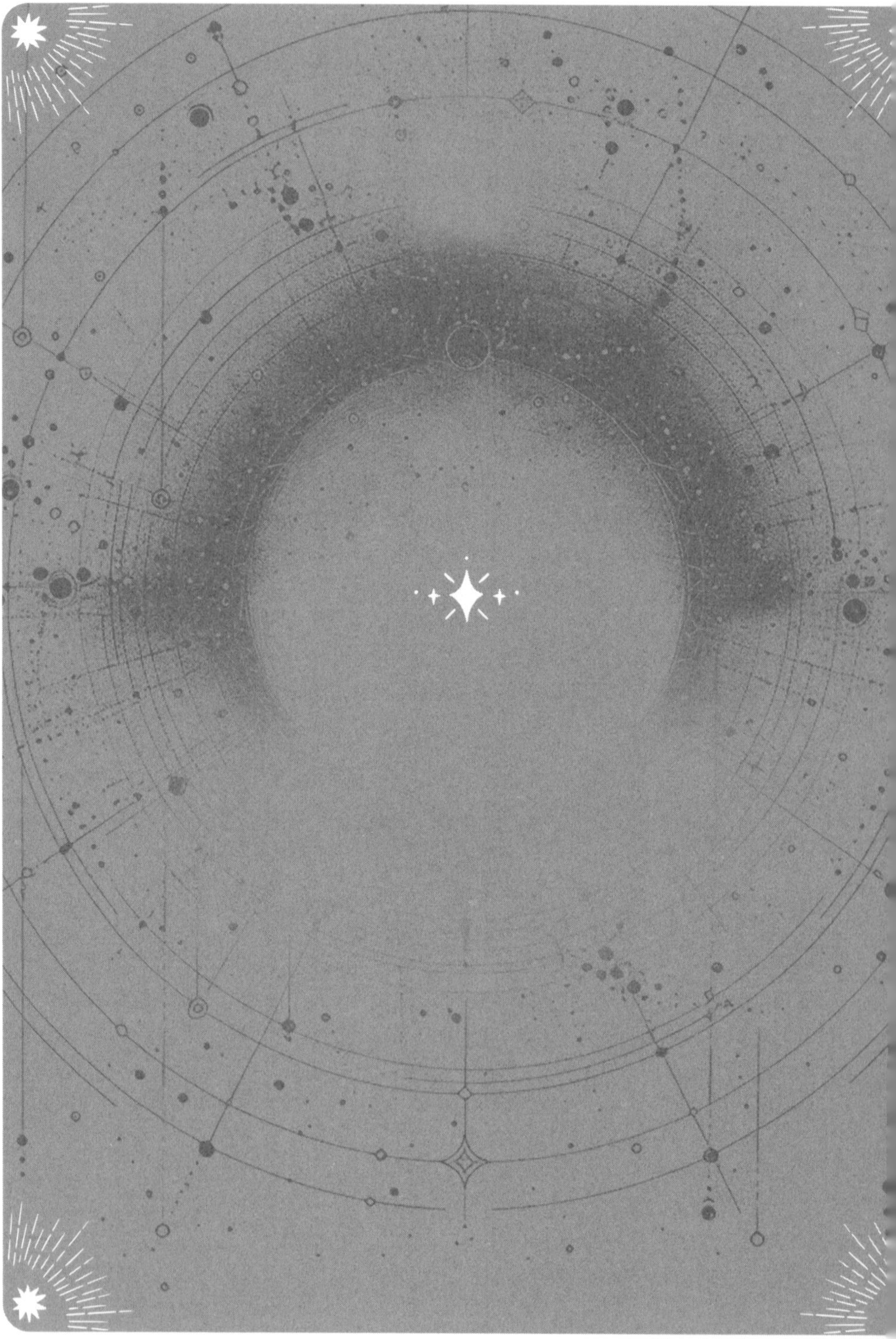

12
décembre

AMANDINE **ISSAVERDENS**

Consultation intérieure : mélangez, tirez et accueillez votre message

À douze jours de Noël, nous vous proposons de recevoir un message que la Vie vous offre en cadeau. Avec ces quelques cartes, choisies pour l'occasion, initiez-vous au tirage et accueillez l'enseignement que celui-ci vient vous apporter !

Paul Éluard disait : « Il n'y a pas de hasard, que des rendez-vous. » C'est ainsi qu'aujourd'hui, **vous avez rendez-vous avec vous-même.** Dans chacune des cartes, vous retrouverez une image symbolique qui viendra toucher votre inconscient, une couleur spécifique qui parlera à votre cœur et un message, tel un mantra, qui éveillera votre esprit.

Utiliser l'oracle

Vous pouvez choisir entre :

- le tirage à une carte : en posant une question intérieurement ou simplement en tirant une carte intuitivement. Observez la carte, met-elle le doigt sur certaines difficultés rencontrées en ce moment ?
- un tirage selon votre intuition : faites comme vous le sentez, tirez une carte ou plusieurs, à votre convenance.

Retrouvez les cartes à télécharger et à imprimer grâce à ce QR code.

Messages des cartes

Pleine conscience

S'arrêter, observer et accueillir ce qui est. Prendre le temps de ressentir pleinement le moment qui se déroule ici et maintenant. Vos pensées, qui affluent à longueur de journée dans votre esprit, vous éloignent de la pleine conscience, car vous avez tendance à leur accorder toute l'attention qu'elles ne méritent pas, pour la plupart. Être humain vous rend unique par votre capacité à penser. C'est à la fois votre force et votre faiblesse, car ce sont ces pensées qui peuvent être source d'une grande souffrance et qui vous éloignent de ce que vous êtes en train de vivre dans le présent. Revenir à la pleine conscience, c'est vivre un moment d'exception à chaque instant, rendre le banal extraordinaire car avec la pleine conscience, tout prend une saveur particulière. La pleine conscience, c'est aussi observer les émotions que vous vivez et les sensations qu'elles vous procurent, afin qu'elles vous traversent sans pour autant que vous vous y accrochiez, en restant dans une posture d'observation de ce qui est, simplement, sans jugement, connecté au présent seulement.

Êtes-vous à l'écoute de ce qu'il se passe en vous ? Peut-être qu'en ce moment, vous êtes trop branché sur le pilote automatique et que vous êtes invité à vivre les choses plus en conscience. En posant toute votre attention sur l'expérience du présent, cette scrupuleuse attention ramènera inéluctablement à la surface les réponses que vous attendez, où les pensées envahissantes non nécessaires semblent mises à distance et où le véritable vous semble si vivant.

Mon bonheur n'existe que dans le moment présent.

...

…

Syndrome de l'imposteur

Vous avez la fâcheuse tendance à croire que, si vous avez réussi, ce n'est pas de votre ressort, mais un coup de chance ou du destin, que sans l'aide des autres vous n'auriez jamais réussi. Vous avez l'impression de ne pas mériter votre place et que ce qui vous arrive n'est que le fruit du hasard. Voici le syndrome de l'imposteur qui vient pointer le bout de son nez, ne valorisant pas tout le travail que vous avez entrepris pour être à votre place aujourd'hui.

Vous pensez ne pas être assez ceci, ou peut-être trop cela ; pourtant, vous êtes un être accompli qui mérite toute la place qu'il prend aujourd'hui. N'ayez pas peur de briller, vous n'éteindrez pas la lumière des autres en brillant ; au contraire, vous inspirerez, vous montrerez une voie des possibles que certains ne pensent pas imaginable. Le syndrome de l'imposteur vient titiller en vous votre propre légitimité. Vous n'êtes pas là par hasard. Vous n'avez pas réussi par hasard. Vous avez vécu et travaillé pour en arriver là, alors prenez place sur votre trône et incarnez votre propre souveraineté. Laissez la fausse modestie, le manque de confiance et de légitimité de côté et nourrissez positivement votre ego, dans sa juste mesure. Soyez conscient de tout votre potentiel et de toutes vos capacités autant que de vos faiblesses et de vos failles. Nourrissez le positif en vous pour redorer votre blason et vous sentir pleinement légitime de votre réussite.

Je mérite la place que j'incarne aujourd'hui.

Fausse croyance

Vous vous dites que cela n'est pas possible, que vous n'y arriverez pas, que tout le monde a droit au bonheur sauf vous, que vous n'êtes pas assez ceci ou pas assez cela. Vous êtes sous le joug de ce que l'on appelle une fausse croyance. Une fausse croyance vous empêche de vivre à votre plein potentiel. C'est une barrière que vous mettez entre vous et vous. Les fausses croyances peuvent vous poursuivre et imprégner votre vie bien plus que vous ne l'imaginez.

Quelles sont les fausses croyances qui vous ficellent aujourd'hui ? Quelles pensées toutes faites sur vous-même vous limitent dans votre vie ? Vous avez le droit de vous débarrasser de ces croyances, car une fausse croyance n'est rien de plus qu'une pensée. Nous ne sommes ni nos croyances ni nos pensées. Vous avez le droit de les transcender, de les dépasser pour sortir de votre zone de confort et aller vers ce qui se cache au-delà de vos croyances. Et si vous étiez un être exceptionnel, capable des plus grandes réussites, explorateur de la vie et réalisateur de vos rêves ? Vous êtes cela et bien plus encore. Repérez vos cinq croyances limitantes qui vous freinent dans vos réalisations. C'est le moment de les dépasser !

Je dépasse mes fausses croyances pour aller bien au-delà des limites qu'elles m'imposent.

Introspection

En ce moment, vous pouvez ressentir le besoin de vous extirper de la foule et du rythme effréné extérieur pour retrouver votre propre intériorité. L'heure est venue de descendre au-dedans, au plus profond de vous-même pour dénicher tous les trésors qui s'y cachent. L'introspection vous invite à faire le bilan sur votre vie, à vous aligner avec vos aspirations profondes afin de mieux vous délester de ce qui vous encombre. Regarder en soi n'est pas un exercice toujours facile. Vous voici face à vos peurs, vos angoisses, vos travers, vos regrets, vos manques et toute cette vulnérabilité qui semblent résonner si intensément dans ce silence intérieur.

Quelle est cette vulnérabilité que vous ressentez aujourd'hui ? Plus vous descendez en vous-même, plus les réponses s'affinent. Si vous pouvez trouver des clés dehors, le coffre à ouvrir se trouve bien au-dedans. Si vous avez du mal à regarder à l'intérieur, c'est qu'une résistance existe. Quelle est cette résistance qui rend difficile ce regard intérieur sur vous-même ? Cette question est une meilleure raison encore d'oser y plonger et de tourner le regard vers l'intérieur de vous. Fermez les yeux et laissez émerger ce qui doit l'être, aujourd'hui.

...

...

Que vient vous susurrer cette voie intérieure lorsque vous vous retrouvez seul, derrière vos yeux clos ? Une émotion, un ressentiment, un souvenir, agréable, désagréable ?

Je regarde à l'intérieur de moi ; toutes les réponses s'y trouvent.

Thérapie

Les tumultes de la vie et toutes les secousses qui vous malmènent parfois vous invitent à plonger profondément en vous-même pour panser ce qui doit l'être. Si vous êtes invité à suivre une thérapie, cela ne signifie en rien que vous êtes plus faible ou plus vulnérable, mais que, au contraire, vous avez aujourd'hui les ressources nécessaires et la force de regarder en vous ce qui vous fait si mal pour vous en libérer, enfin. Combien de fois vous êtes-vous dit « Je devrais aller consulter » et avez-vous tout de suite balayé cela en vous disant que vous n'aviez pas le temps, ni l'argent, ni la motivation pour cela ? Ces résistances sont normales. La thérapie vient toujours quand c'est le bon moment pour vous. Ni avant ni après, juste au bon moment. Parfois, c'est l'extérieur qui vous rappelle que vos souffrances ne sont pas réglées, et parfois ce sont des sentiments intérieurs qui ne cessent de revenir en boucle et qui demandent à être entendus, compris, guéris.

Traversez-vous une période sensible en ce moment qui vous inviterait à aller déposer cela dans un cabinet de thérapeute ? La pelote de nœuds qui vous habite demande à être déroulée. Faire la paix avec son histoire de vie, c'est faire la paix avec soi-même et avec les autres. Une thérapie vous permet de mettre en lumière des fondements importants de votre monde intérieur. Cela permet de mieux se connaître, mieux appréhender nos émotions, nos comportements, nos réactions... Nos souffrances. Tout le monde a droit à sa part de mieux-être même si la souffrance fait partie de la vie ; il est justement important de la dépasser pour être profondément en paix.

Ma thérapie me mène sur le chemin de la guérison intérieure.

Pardon

Pardonner demande une grande sagesse intérieure. Il est une chose de pardonner aux autres, et il en est une autre de se pardonner à soi-même. Offrir un pardon, c'est se libérer du poids d'une histoire appartenant au passé. Chacun fait de son mieux avec les bagages qu'il porte. L'être humain est complexe et il fait de son mieux, avec ses ressources et ses capacités du moment. Avez-vous une personne à laquelle pardonner ? Qu'aimeriez-vous lui dire aujourd'hui ? Quoi qu'il en soit, il y a certainement une personne très chère à qui vous voudriez demander pardon : c'est vous-même ! Pardonnez-vous de ne pas agir toujours de la meilleure manière qui soit pour vous ou pour les autres, pardonnez-vous de vos réactions, vos comportements, vos habitudes, vos mécanismes de défense. Libérez votre cœur de ce fardeau si lourd à porter. Garder de la rancœur contre soi ou contre les autres est très épuisant. Cela ne nourrit pas le bon en vous, au contraire. Mettez la vengeance de côté, l'autosabotage aussi, car vous pouvez vivre libre de tous ces maux qui vous accablent si vous offrez les pardons qui peuvent les enrôler. Si vous parvenez à vous pardonner vous-même, vous pourrez encore mieux pardonner aux autres puisque vous aurez déjà parcouru ce chemin pour vous. Vous avez le droit de vous offrir une vie épanouie, dans la gratitude et la compassion.

Je me pardonne et ainsi, je peux pardonner à l'autre.

Nous espérons que vous avez reçu le message que vous attendiez depuis longtemps ; comme le signe d'un nouveau départ pour célébrer cette fin d'année en beauté. Et n'oubliez surtout pas de cultiver l'amour : pour vous-même, pour les autres, pour la vie…

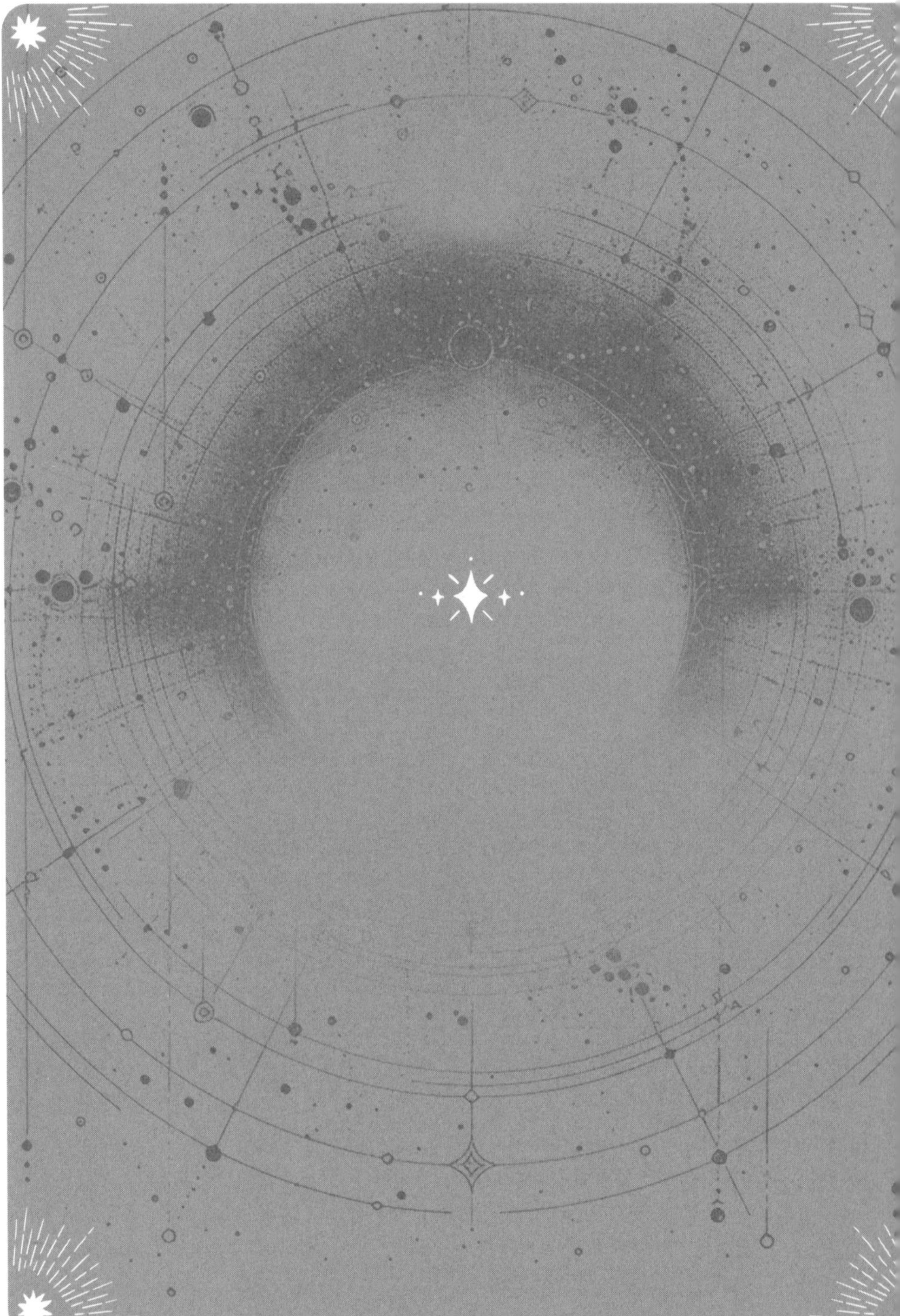

13

décembre

CÉLINE **COLLE**

Un brin de romance...

Entrez dans l'univers merveilleux de deux amants qui se retrouvent par-delà les frontières, par-delà les années. Deux âmes dont les chemins ne cessent de se croiser au fil du temps. Un brin de romance pour remettre l'amour au centre de tout...

Paola et Giovanni

Venise – 28 février 1468

Les yeux cernés, nerveux, Giovanni ne cesse de se lever et de s'asseoir. Aujourd'hui, Paola viendra chercher sa bague et il lui montrera ce qu'il a créé pour elle. Dans cette réalisation, il a mis tout son cœur, toute son âme. Il lui tarde de lui prouver qu'il a relevé le défi. Aucun des soupirants de Paola ne pourra rivaliser avec lui, aucun n'aura consacré autant d'heures, de passion et d'énergie à lui façonner une pièce sur mesure, à la hauteur de sa beauté. Il était de plus en plus persuadé qu'elle ne pourrait rester insensible à l'œuvre ni à celui qui se cachait derrière. Après tout, il était beau garçon. Les filles avec qui il sortait ne cessaient de le lui dire. Giovanni dégageait un charme magnétique qu'il ne cherchait pas à maîtriser et les femmes à qui il faisait l'amour évoquaient chaque fois son regard noir si particulier, un regard dans lequel on avait envie de plonger, disaient-elles. Il ne comprenait pas ce que cela voulait dire jusqu'à ce qu'il découvre les yeux verts de Paola. Il avait eu immédiatement envie d'y plonger en effet et de s'y noyer pour l'éternité. Bien sûr, elle n'était pas comme les autres jeunes femmes qu'il avait connues. Elle ne faisait pas partie du même monde, mais s'ils étaient faits l'un pour l'autre, était-ce vraiment une différence de rang social qui les empêcherait d'être ensemble ? Il lui semblait tellement qu'elle était sa promise, sa moitié, son âme sœur, qu'il ne pouvait plus envisager son existence sans elle. Si elle le repoussait, il savait que jamais plus il n'aimerait de la sorte. Aucune autre ne saurait le satisfaire. D'ailleurs, il n'aimerait sans doute plus jamais. La grande fatigue mêlée à l'angoisse, l'excitation et la passion dévorante qu'il éprouvait pour cette femme le faisait divaguer depuis quelques jours et lui donnait parfois la fièvre.

Maître Ballarin regrettait même d'avoir accepté cette proposition un peu folle. Il s'inquiétait pour la santé de son brillant élève et cultivait de sérieux doutes sur les motivations de son meilleur artisan. Il mettait tant d'ardeur dans la fabrication de ce bijou qu'il commençait à croire qu'il ne le faisait pas pour les raisons invoquées, mais plutôt par amour. Mais par amour de qui ? Il avait bien sa petite idée là-dessus depuis quelques jours, mais pourquoi cette création qu'il ne pourrait offrir de toute façon ? Il sentait de manière évidente que le jeune ouvrier était plus qu'inspiré. Il espérait simplement que la folie de l'amour ne le pousserait pas à commettre un acte irréparable qui pourrait ruiner sa carrière professionnelle. Il fallait qu'il lui parle, mais pas maintenant. Il avait deux rendez-vous pour des commandes importantes, devait faire le point sur les créations en cours, les réparations, le stock et recevoir un fournisseur. Il faudrait attendre demain.

La porte de la boutique s'ouvre et la clochette retentit. Giovanni sursaute. Il n'a pas besoin de regarder qui vient d'entrer. Il a reconnu le rire cristallin de celle qui fait battre son cœur. L'heure du verdict est proche. Paola vient chercher sa bague. Il va falloir faire vite et être réactif pour saisir l'occasion de lui montrer la surprise. Elle n'est là que pour très peu de temps, il le sait. Elle est déjà venue il y a quatre jours pour régler le tour de doigt et obtenir l'ajustement parfait. ...

... Ce jour-là, Giovanni avait dû s'absenter à Murano, chercher une création spéciale pour son maître. Il avait accepté à contrecœur, sachant que Paola risquait de passer. Lorsqu'il était revenu, le parfum musqué de la jeune femme flottait encore dans l'atelier. Il l'avait manquée et, s'il avait été seul, il en aurait pleuré de dépit. Maître Ballarin s'était occupé d'elle en personne : tout était parfait. Il ne restait à Giovanni qu'à vérifier les griffes qui retenaient prisonnier le magnifique saphir vert et nettoyer le bijou pour lui donner un éclat inoubliable. Dès son retour, refoulant ses larmes et son amertume, Giovanni n'avait pu s'empêcher d'interroger son maître.

— Mlle Barozzi est passée, il me semble. A-t-elle paru contente du résultat ? A-t-elle dit quelque chose ? demandé à voir une autre pièce ?

Luigi avait trouvé l'attitude de Giovanni un peu exaltée et se demandait depuis si tout ce travail acharné, cette magnifique création, cette inspiration, ce comportement fiévreux n'avaient pas pour origine cette drôle de jeune femme très belle, très fière et très arrogante. Giovanni serait-il donc amoureux ? Il était vrai, avait-il ajouté pour lui-même, qu'il devait être difficile pour un jeune homme de résister aux attraits de cette belle ensorceleuse, même si celle-ci l'ignorait pourtant superbement. Il était bien possible que son élève ait succombé aux charmes de Paola Barozzi, mais il savait en revanche que leurs deux mondes les séparaient inexorablement, que l'histoire était impossible, et cela ajoutait à son inquiétude.

Tandis que Giovanni s'approche, le petit écrin noir dans la main, Paola a enfilé sa nouvelle bague qu'elle portera demain à l'occasion du grand jour de ses 20 ans. Elle ne remarque pas le jeune homme qui attend dans l'encadrement de la porte, tandis qu'elle s'extasie. Giovanni, lui, la regarde et constate avec désarroi qu'elle n'est accompagnée ni par ses parents ni par une amie, mais par un très beau jeune homme, fort bien mis et richement vêtu. Un sentiment de jalousie l'étreint immédiatement. Il sait qu'il ne s'agit pas d'un simple ami et les propos de Paola viennent confirmer ses soupçons.

— Trésor ! N'est-elle pas merveilleuse ? N'est-ce pas la plus belle chose que vous ayez jamais vue ?
— Vous voulez dire après vous, ma chère ?

Et Paola part dans un grand éclat de rire qui manque de faire s'effondrer Giovanni, assistant silencieusement à cette horrible scène.

— Il va falloir faire encore mieux, trésor, et ce ne sera pas facile.
— De quoi parlez-vous, mon amie ?
— De cette bague, qui fait déjà grande concurrence à celle que vous devrez m'offrir à l'occasion de nos fiançailles.

« Fiançailles » ? À ce mot, comme s'il venait d'être frappé violemment, Giovanni lâche la petite boîte qu'il serrait fort dans sa main.

Le bruit de l'écrin qui tombe au sol fait se retourner Paola, son soupirant et Maître Ballarin. À la mine livide de son apprenti, Luigi comprend que Giovanni a tout entendu et que ses craintes étaient fondées. Il sait ce que contient la boîte, il sait à qui est destinée la création. Ce qu'il ne sait pas, en revanche, c'est quelle va être la réaction de son apprenti qui a œuvré si durement ces dernières semaines pour voir finalement celle qu'il aime convoler avec un autre.

— Giovanni ? Tout va bien ? Tu désirais ?

Sonné, le jeune homme tente de reprendre ses esprits. Il ramasse la boîte qu'il fait en sorte de faire voir à Paola.

— Juste savoir si la bague est à la hauteur des attentes de mademoiselle.
— Elle est parfaite ! Vous avez fait un travail remarquable, répond Paola sans un regard pour lui. Tout est réglé, n'est-ce pas, Maître Ballarin ? Je peux donc repartir la bague au doigt ?
— Tout est réglé, mademoiselle. Permettez-moi de vous souhaiter une très agréable et joyeuse journée d'anniversaire.
— À ce sujet, intervient Giovanni, si vous le souhaitez, j'aurais une nouvelle pièce, unique, à vous présenter. Je suis sûre qu'elle saurait vous plaire...
— Votre apprenti souhaite-t-il ruiner mes pauvres parents ? répond en riant la jeune femme. Nous verrons cela une autre fois, nous sommes pressés. Il reste tant de choses à voir pour que la journée de demain soit absolument parfaite. Je vous remercie, Maître Ballarin, et vous salue. Venez, trésor !

Sans un mot, ni un sourire, ni un regard pour Giovanni et l'écrin noir, Paola disparaît dans un fracas de soie froissée.

...

…

— C'était donc pour elle ? Toutes ces heures passées à travailler sur cette création, c'était pour séduire Mlle Barozzi ? Enfin, Giovanni, sois raisonnable. Elle n'est pas pour toi.

— Je crois que je l'ai bien compris…

Et sans rien ajouter, le jeune apprenti repart se remettre à l'ouvrage. À l'heure de la fermeture de l'atelier, Giovanni demanda à rester tard une dernière fois. Il prétexta une dernière touche qu'il voulait apporter à sa création qui, même si elle n'était pas destinée à Paola, trouverait sans aucun doute acquéreur parmi les riches Vénitiennes. Luigi n'eut pas le cœur de lui refuser cette faveur. Il avait tant travaillé et le résultat dépassait ses espérances. La pièce était vraiment étonnante d'élégance et de beauté. Et puis, mieux valait qu'il noie son chagrin dans le travail plutôt que dans l'alcool, après tout.

Quand tout le monde fut parti, Giovanni passa des heures à regarder sa création. Il n'y ajouta rien, elle était parfaite. Il se repassa la scène de l'après-midi. Paola l'avait purement et simplement ignoré. En le mettant au défi de lui créer un bijou, elle s'était amusée, moquée de lui. Elle ne lui trouvait absolument aucun intérêt. Comment aurait-il pu en être autrement ? Comment avait-il pu se tromper à ce point ? Croire qu'une telle femme pourrait un jour s'intéresser à sa pitoyable personne ? Il n'était qu'un apprenti au service d'un joaillier. Il avait un peu de talent, mais n'était rien professionnellement et encore moins socialement. Et puis, il ne possédait rien. Quel idiot il avait été. Maître Ballarin avait raison, il n'était pas raisonnable. Jamais il ne pourrait être autre chose qu'un simple artisan. Jamais il ne parviendrait à conquérir le cœur de Paola, mais jamais il ne pourrait vivre sans elle et jamais il ne pourrait retomber amoureux. Il n'y avait qu'elle, il le savait. Si elle avait daigné une fois seulement véritablement le regarder dans les yeux, sans doute son âme l'aurait-elle reconnu. Lui, malgré la distance que leurs rangs lui imposaient, avait cette impression qu'ils se connaissaient depuis toujours. Cette pièce, il ne voulait pas la vendre à une autre. Pas de son vivant. Cette création était pour Paola et elle le saurait. Il savait de quelle manière. Il avait pris sa décision. Elle aurait la preuve de l'amour sincère qu'il lui portait.

Pendant ce temps, Paola brûlait de curiosité. Elle était accompagnée de l'un de ses soupirants à la boutique, elle ne pouvait donc pas laisser entendre qu'elle connaissait le jeune apprenti, mais elle savait très bien ce que renfermait l'écrin que celui-ci tenait à la main. Giovanni avait relevé le défi lancé vingt jours plus tôt. Elle était partie sans lui laisser croire une seule seconde que cela pouvait l'intéresser, car elle avait sa fierté. Cependant, depuis, elle ne pensait plus qu'à ça. Qu'avait-il donc créé pour elle, ce bel amoureux ? Elle en avait un peu rajouté à la boutique avec cette histoire de fiançailles. Elle était comme ça, elle aimait faire tourner la tête de ses prétendants et celui qui l'accompagnait était de ceux qu'elle adorait tourmenter. Elle soufflait le chaud et le froid. Cela les rendait encore plus fous d'elle. Mais ce petit jeu avait, semble-t-il, considérablement bouleversé le jeune apprenti. Il était d'une telle pâleur lorsqu'elle s'était retournée... Le lendemain matin, n'y tenant plus, elle prévint sa famille qu'elle partait faire une visite rapide chez Maître Ballarin afin de découvrir une nouvelle création, mais qu'elle serait de retour bien vite, pour se préparer et fêter comme il se devait le jour merveilleux de sa naissance. Tandis qu'elle parcourait les rues en direction de la joaillerie, elle ne pouvait s'empêcher de se demander ce qui la motivait tant. Découvrir la création ou revoir l'audacieux jeune homme au regard troublant ? Il lui semblait que son cœur battait plus vite lorsqu'elle se rendait à la boutique. Se pouvait-il qu'elle lui trouve un quelconque intérêt ? Il n'était qu'un simple apprenti sans aucune fortune, mais il avait du courage et beaucoup de talent. Il était beau aussi et elle se surprenait de plus en plus souvent à penser à lui.

Si l'amour emplit votre cœur, si l'espoir convoite votre esprit, c'est que l'âme de ces amoureux a réussi à s'immiscer en vous[4]. Mais n'ayez crainte, la magie continue.

4. Retrouvez le destin de ces deux âmes qui tentent de se réunir et de s'aimer à chaque vie, et qui se retrouvent à travers les époques, dans le roman *Toutes ces vies où nous nous sommes aimés*, paru aux Éditions Jouvence en 2021.

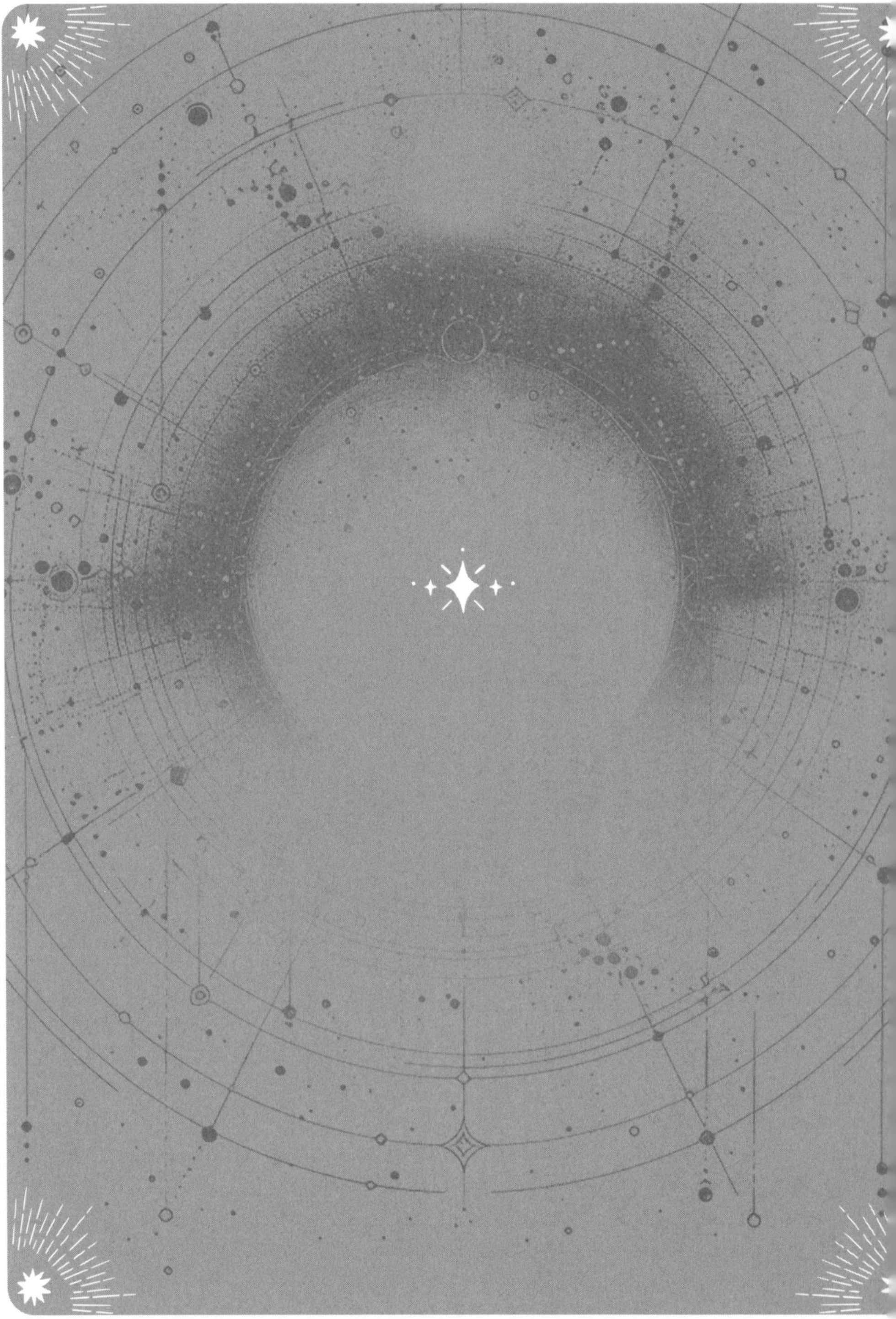

14 décembre

Magie verte :
plutôt sauge ou romarin ?

Parce que la magie est partout autour de nous, parce que les énergies accompagnent chacun de nos mouvements, il est temps de plonger dans la magie verte. Accueillez les plantes à leur juste valeur et bénéficiez de toute leur puissance. Inspirez, expirez, c'est l'heure de jardiner.

Utilisez et développez le pouvoir des plantes

En magie verte, les plantes, fleurs et herbes sont des outils puissants qui peuvent être utilisés de différentes façons pour canaliser leur énergie et leur magie.

Après les avoir récoltées, séchées et chargées d'intention, il existe plusieurs procédés pour les intégrer à vos pratiques magiques.

En infusion

Une infusion est une boisson obtenue en faisant infuser des herbes, des feuilles ou des fleurs séchées dans de l'eau chaude.

Pour préparer une infusion magique, on peut choisir différentes plantes en fonction de leurs correspondances et de leurs propriétés magiques. On prend généralement une pincée des feuilles séchées ou des fleurs, et on crée son propre mélange selon les besoins et les intentions.

Il est essentiel de ne pas utiliser de l'eau bouillante, car cela risquerait de détruire les propriétés magiques des plantes. On laisse infuser le mélange dans de l'eau chaude pendant environ 10 minutes, afin que l'infusion absorbe pleinement les énergies et les vertus des plantes. Les infusions sont souvent consommées pour se connecter aux propriétés thérapeutiques et magiques des plantes, permettant ainsi d'harmoniser le corps et l'esprit.

En décoction

Les principes actifs des parties plus dures des plantes, telles que les racines, les écorces ou les graines, nécessitent une extraction plus intense. On peut alors recourir à la décoction.

Pour préparer une décoction, on utilise généralement une plus grande quantité de plantes séchées par rapport à une infusion, en les mettant dans une casserole avec de l'eau froide. Ensuite, on laisse la préparation frémir à feu doux pendant environ 20 minutes, en veillant à couvrir la casserole. Cette méthode permet d'extraire efficacement les composés actifs des plantes. Une fois la décoction prête, elle est filtrée pour éliminer les résidus de plantes. Les décoctions sont souvent utilisées en herboristerie traditionnelle et en magie verte pour leurs puissantes propriétés thérapeutiques et magiques.

En huiles magiques et macérats huileux

Les huiles magiques sont généralement préparées en infusant des plantes séchées dans une huile végétale de son choix, comme l'huile de jojoba ou l'huile de sésame (il en existe un grand nombre).

Pour réaliser une huile magique, il suffit de purifier une petite bouteille en verre, d'y ajouter les plantes séchées en gardant assez d'espace pour l'huile, puis de recouvrir les plantes avec l'huile végétale. Le tout est ensuite laissé à macérer pendant environ trois semaines, à l'abri du soleil. Cette période permet aux propriétés des plantes de s'infuser dans l'huile, créant ainsi une préparation chargée d'énergie magique.

Il est également possible d'enrichir l'huile magique en y ajoutant des cristaux, qui viendront renforcer ses propriétés et ses intentions.

Une fois prête, l'huile magique peut être utilisée de multiples façons, que ce soit pour oindre des bougies lors de rituels, ou même comme ingrédient dans des potions et des préparations magiques, ou encore sur soi, selon l'intention.

En poudre magique

La poudre magique est une préparation obtenue en pulvérisant des plantes séchées, généralement au moulin à café, ou au mortier et au pilon.

Pour la réaliser, il suffit de placer les plantes désirées dans un mortier et de les écraser jusqu'à les réduire en une poudre fine. Cette poudre magique peut ensuite servir dans divers rituels et pratiques magiques. La poudre magique est un outil polyvalent qui permet de concentrer et de libérer l'énergie des plantes dans le cadre de la magie verte, offrant ainsi une multitude de possibilités pour canaliser et amplifier ses intentions magiques.

En *simmer pot*

Le *simmer pot* est une pratique magique et aromatique que j'apprécie énormément. En plus d'embaumer la maison d'odeurs enchanteresses, il diffuse dans l'air les propriétés des plantes, qu'elles soient thérapeutiques ou magiques.

Recette magique : comment préparer un *simmer pot* ?

Il suffit de remplir une casserole d'eau ou d'eau de lune, de la faire bouillir à feu doux, puis d'y ajouter progressivement les plantes, herbes et fleurs correspondant à l'intention magique souhaitée. Par exemple, pour un *simmer pot* de purification, on peut y incorporer quelques tranches de citron, une pincée de sel, quelques branches de romarin et un peu d'ortie. On peut ensuite mélanger doucement le contenu dans le sens des aiguilles d'une montre et réciter une incantation pour attirer une intention spécifique.

Ensuite, pour purifier et éliminer les énergies négatives, on peut remuer le mélange dans le sens inverse des aiguilles d'une montre, en récitant l'incantation appropriée.

Une fois le mélange prêt, il suffit de laisser ces délicieuses odeurs et ces énergies bienfaitrices embaumer la maison, en profitant de leur présence apaisante et purificatrice autour de soi.

En sachets magiques

Un sachet magique en magie verte est une pratique versatile et efficace pour canaliser et libérer l'énergie des plantes et des cristaux selon des intentions spécifiques. Il sert souvent de substitut aux *spell jars* et peut être utilisé pour une variété de desseins magiques.

L'essence du sachet magique réside dans sa préparation méticuleuse : il est recommandé de choisir un sachet de couleur correspondant à l'intention souhaitée, par exemple, un sachet vert pour attirer la chance. Ensuite, on purifie le sachet avant d'y ajouter quelques cristaux sélectionnés pour leurs propriétés alignées avec l'intention magique. Après cela, on incorpore des plantes en harmonie avec l'objectif magique, puis on ferme le sachet. Le sachet peut être gardé près de soi, porté sur soi ou placé dans un endroit spécifique, en fonction de l'intention.

En *spell jars*

La *spell jar*, ou fiole magique, est un outil puissant et polyvalent utilisé en magie verte pour canaliser et amplifier l'énergie des plantes, des cristaux et d'autres ingrédients en vue de manifester des intentions spécifiques. Elle se présente sous la forme d'un petit bocal en verre avec un bouchon en liège.

La création d'une *spell jar* commence par la purification de la fiole puis la sélection minutieuse des ingrédients en fonction de l'intention magique. On peut y inclure des herbes, des fleurs séchées, des cristaux, des huiles essentielles, des symboles et même de petits objets personnels, chargés d'énergie. Chaque élément est choisi pour ses propriétés correspondant à l'intention de la *spell jar*.

Une fois que tous les ingrédients sont réunis, on les ajoute dans le bocal de manière stratégique et intentionnelle, en visualisant l'objectif souhaité. Le bocal est ensuite scellé par de la cire emprisonnant ainsi l'énergie et la puissance des ingrédients à l'intérieur.

Pour utiliser une *spell jar*, on peut la ranger dans un endroit spécifique selon l'intention, la garder près de soi ou la transporter avec soi. Certains praticiens préfèrent la disposer sur leur autel ou dans leur espace sacré, tandis que d'autres la portent dans leur sac ou la placent sous leur oreiller pendant la nuit.

La *spell jar* agit comme un catalyseur pour manifester les désirs et les intentions de celui qui l'a créée. En rassemblant l'énergie des ingrédients à l'intérieur du bocal, elle crée un champ d'énergie concentré autour de l'intention magique, renforçant ainsi son pouvoir de manifestation.

En sels de bain

Se connecter avec les énergies des plantes à travers un bain magique est une pratique apaisante et puissante en magie verte. Pour commencer, choisissez un sel qui correspond à votre intention magique, comme le sel de mer ou le sel d'Epsom.

Ensuite, sélectionnez des herbes, fleurs ou plantes séchées en fonction de vos objectifs magiques. Par exemple, la lavande est idéale pour la relaxation, tandis que le romarin est souvent utilisé pour la purification. Dans un bol ou un récipient, mélangez le sel avec les herbes choisies, en vous concentrant sur l'énergie que vous voulez infuser dans le mélange.

Avant d'incorporer le mélange dans votre bain, prenez un moment pour charger l'ensemble avec votre intention magique. Visualisez les énergies des plantes se mêlant au sel et imprégnant l'eau du bain de leurs propriétés magiques.

Lorsque vous prenez votre bain, ajoutez une poignée de ce mélange à l'eau pour bénéficier de ses vertus magiques et thérapeutiques, tout en vous connectant profondément avec la nature qui vous entoure.

Rituel du romarin

Le romarin est principalement utilisé en magie verte dans les rituels de purification, protection, clarté mentale et concentration.
Brûlé ou en encens, le romarin émet de fortes vibrations de purification. C'est une belle et puissante alternative à la sauge pour réaliser une purification pour soi ou nettoyer un lieu de ses énergies négatives.
Placer une branche de romarin sous l'oreiller assure un bon sommeil, et permet de renforcer sa protection énergétique. Éparpillé sous le lit, il protège le dormeur dans son sommeil et prévient les cauchemars. Une branche de romarin peut aussi être suspendue sur le porche ou près de la porte d'entrée pour amplifier la protection des habitants et du foyer, et aider à la purification d'énergies lourdes vers l'extérieur. On peut aussi mettre quelques branches de romarin dans son bain pour favoriser une énergie de purification, avec un peu de citron, par exemple.

Porté sur soi ou en fumigation, le romarin aide à la concentration et à la mémoire.
L'infusion de romarin peut être utilisée pour nettoyer et purifier les mains avant un travail de guérison.

Rituel de purification

Pour réaliser un rituel de purification d'un lieu ou d'un espace avant un rituel, le romarin se révèle être une plante puissante, symbole de purification et de clarté.

- Prenez un petit bouquet de romarin séché et allumez une bougie blanche, emblème de pureté et de lumière.
- Passez le bouquet de romarin à travers la flamme de la bougie blanche et récitez l'incantation :

« Romarin en main, purifie l'air,
Éloigne les ombres, laisse la lumière éclairer.
Bougie blanche, flamme pure et claire,
Que la paix s'installe, que l'énergie soit légère. »

- Diffusez la fumée dans les pièces nécessaires, laissez la bougie se consumer entièrement si possible, ou éteignez-la avec précaution, puis ouvrez les fenêtres pour quelques instants de purification supplémentaires.

Embrasser le pouvoir des plantes et ne faire qu'un avec la nature vous apportera sans nul doute protection, chance, abondance et amour. Mais la magie n'est pas le seul voyage que vous entreprendrez ici. Alors, accrochez-vous, car le monde s'ouvre à vous.

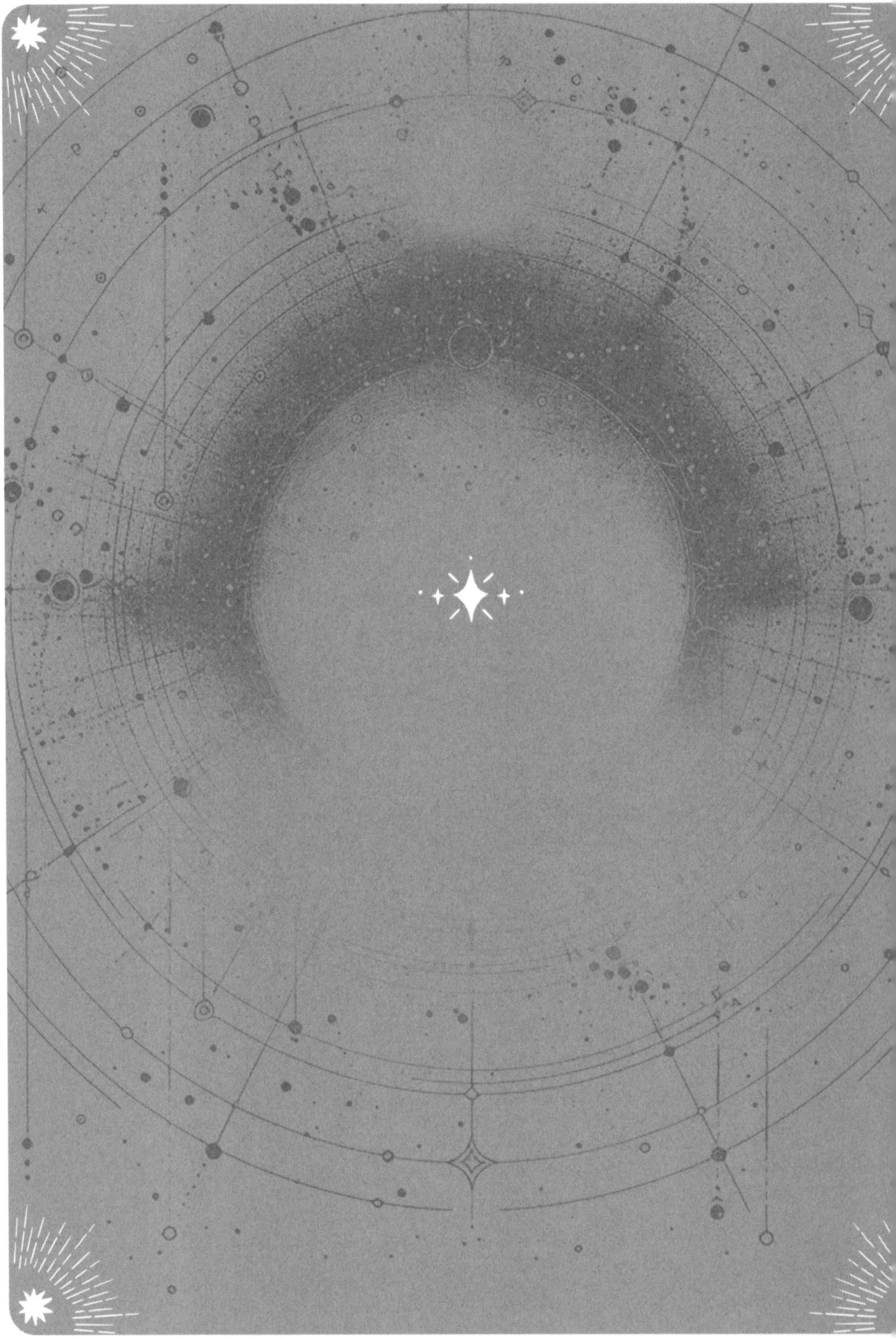

15
décembre

EMMANUELLE **JOHNSON**

Voyage astral : explorez les mondes subtils

Qu'est-ce que le voyage astral ? Quelle est son utilité ? Comment le mettre en pratique ? Autant de questions que vous vous posez sûrement. Aujourd'hui, parce que vous êtes accompagné des belles énergies et de la magie de Noël, vous êtes prêt à vous initier à ce formidable outil de développement personnel. Et maintenant, laissez-vous seulement porter…

Le « voyage astral », aussi appelé « sortie astrale », est **une expérience énergétique** souvent nocturne durant laquelle **le corps éthérique (âme, énergie, conscience) sort du corps physique afin d'expérimenter d'autres plans et d'autres dimensions**, situés entre la matière et les plans subtils. Nous ne parlons ici ni de rêves ni d'imagination, mais bel et bien d'une expérience énergétique aussi passionnante que déconcertante pour les personnes qui l'ont déjà vécue.

Les étapes du voyage astral

S'élever en astral

Imaginez-vous le monde nocturne comme une pyramide composée de différentes strates. Pour accéder à l'astral, votre corps éthérique doit les traverser une à une.

- **La décorporation.** Exercice naturel et spontané du corps énergétique, elle survient probablement en phase de sommeil léger puisque certains dormeurs la vivent en conscience. Elle est nécessaire pour atteindre le monde du rêve, le monde astral, et permet la mise au repos du corps physique.

- **Le rêve.** Il survient en phase de sommeil paradoxal. Les rêves peuvent revêtir des fonctions différentes, ils présentent parfois, tels les rêves lucides, une dimension énergétique certaine et servent en quelque sorte de pont vers l'astral.
- **L'astral.** La dernière strate, le champ de conscience est élargi, le corps éthérique peut alors explorer la dimension astrale au travers de cet état modifié de conscience.

Bien souvent, le dormeur s'arrêtera à la dimension psychique du rêve, mais parfois, il se réveillera avec l'étrange sensation d'un rêve « pas comme les autres », avec ce quelque chose en plus qu'il ne s'explique pas. À ce moment-là, nous pouvons penser que le dormeur a expérimenté un rêve énergétique ou un voyage astral.

Le retour au corps et le réveil

Le retour au corps peut être perçu et détecté par le voyageur par une sensation de chute dans le vide ou de brefs soubresauts, tout comme au moment de la décorporation. Il peut également être vécu en pleine conscience, le voyageur a alors souvent le sentiment de réintégrer un « pyjama trop étroit », métaphore fréquemment utilisée pour figurer **l'inconfort du retour à la matière**.

Quant au réveil, il est vécu et ressenti de manière très aléatoire. Certaines personnes vont se sentir aspirées dans le corps physique, ce qui engendre souvent un réveil immédiat, d'autres redescendront strate après strate, le retour au corps sera imperceptible et le réveil des plus habituels.

Certains sentiront une trace physique, une sensation de corps plus lourd, des vibrations ou des fourmillements sans avoir le moindre souvenir de ce qu'ils ont vécu (ce qui représente à mon sens la majorité des cas). D'autres, en revanche, garderont plutôt une trace mentale, l'expérience s'inscrit alors sous forme de souvenirs clairs, ce qui les pousse d'autant plus à questionner ce rêve bien étrange et bien différent de d'habitude, surtout s'ils se souviennent des rencontres qu'ils y ont faites.

S'initier au voyage astral

Le voyage astral peut être réalisé spontanément pour certaines personnes alors que pour d'autres, il demandera un peu d'entraînement. Que vous vous exerciez au voyage astral seul, avec un thérapeute ou en groupe, la durée et la fréquence de vos entraînements dépendent de vous et uniquement de vous. **Vous êtes seul juge de ce qui vous convient et vous seul maîtrisez le curseur de vos progrès.** Il se peut que vous progressiez rapidement et qu'au moment de toucher l'expérience du bout des doigts, vous ayez l'impression de stagner. Ne vous formalisez pas, les ralentissements ou les sentiments de stagnation sont naturels et nécessitent votre attention.

La transe chamanique

Pratique fondamentale du chamanisme, elle permet d'atteindre un état modifié de conscience suffisamment large et profond pour accéder à ce que les chamanes nomment le « monde des esprits », que nous appelons plus largement en Occident « monde subtil » ou « monde astral ». Cet état permet l'accès à des réalités qui se situent hors de la matière et hors de la psyché classique, elles sont alors qualifiées de réalités « non ordinaires » ou « extraordinaires ».

Comment se déroule une transe chamanique ?

Le chamane utilise le tambour chamanique qu'il nomme aussi « cheval », puisque c'est grâce au rythme du tambour que le voyageur est transporté vers le monde des esprits (monde subtil/astral). Le rythme monotone du tambour va faire diminuer graduellement les ondes cérébrales afin d'atteindre la ligne d'ondes thêta qui plongera le voyageur dans un état de rêverie profonde : c'est la transe chamanique. À ce moment précis, le corps physique est parfaitement centré avec le corps énergétique, le voyage astral est donc possible.

Que ressent le voyageur lors de cette transe ?

Il peut y avoir de légers **symptômes physiques** tels que des démangeaisons, des sensations de chaud, de froid, des perceptions d'odeurs, de sons ou des visions. L'ouverture des canaux sensoriels étant amplifiée, les ressentis peuvent se manifester par toutes ces voies, mais ce qui est le plus souvent relaté, c'est **la traversée d'un tunnel** au départ et au retour de la transe. Le tunnel peut également prendre la forme d'une spirale et suivre plusieurs directions. Sur un plan énergétique, le tunnel représente l'axe autour duquel se trouvent **les « trois corps »** (corps physique, corps psychique, corps astral) aussi nommés les « trois plans de conscience intérieure ».

Aujourd'hui, vous pouvez trouver en ligne des bandes-son d'ondes de tambours chamaniques pour vous permettre de vous entraîner quelques minutes par jour pour commencer. Vous pourrez ensuite augmenter la cadence selon votre ressenti et votre confort.

L'intention

Cette autre méthode, la plus simple à mon sens, ne requiert rien d'autre que soi et un minimum de centrage énergétique.

Il s'agit tout simplement de **déposer votre intention auprès de l'univers**. D'apparence simpliste, elle est pourtant l'une des plus efficaces si vous donnez suffisamment de force à cette intention.

Vous pouvez effectuer votre demande sous la forme d'un mantra durant la journée ou avant d'aller vous coucher. Formulez-la clairement à voix haute ou en votre for intérieur et essayez d'être le plus juste possible. Commencez par des intentions et des demandes accessibles, par exemple, si vous débutez : « Je souhaite vivre une décorporation en conscience », « Je souhaite faire le tour de ma chambre », « Je souhaite voir un souvenir de vies antérieures »... N'attaquez pas bille en tête avec des demandes importantes telles que « Je souhaite rencontrer mes guides ».

Votre attention doit être pesée et raisonnable, surtout s'il s'agit de vos premières expériences. Réitérez cette intention plusieurs fois par jour, vous sèmerez ainsi l'énergie et vous vous préparerez de manière implicite au voyage astral.

La visualisation

Cette méthode mélange **imagerie mentale, intention et concentration**. Elle répond parfaitement à la notion de «pensée créatrice», qui veut que lorsque nous imaginons un événement de manière répétée et avec une force suffisante, il puisse prendre vie dans la matière.

Mise en pratique

La visualisation ne nécessite pas beaucoup d'heures de pratique, mais **un travail régulier**. Il est important de faire ce petit exercice **cinq minutes, deux ou trois fois par semaine** si vous avez décidé d'utiliser cet outil.

- Choisissez un lieu calme, loin des pollutions sonores. Assurez-vous de ne pas être dérangé durant ce laps de temps, la visualisation nécessite de la concentration.
- Mettez-vous dans une position confortable, allongé ou assis en tailleur par exemple. Vous pouvez mettre un fond de musique douce ou un son de tambour chamanique.
- Fermez les yeux, prenez idéalement sept grandes inspirations et sept grandes expirations. Demandez à vos guides de vous accompagner lors de l'exercice.
- Imaginez-vous au cœur d'une forêt, adossé à un arbre gigantesque et centenaire. Sentez son énergie vous traverser, elle vous ancre et équilibre votre énergie pendant quelques minutes.
- Puis, déposez votre intention tel un mantra : « **Je demande à l'univers d'accéder à la dimension astrale. Si ma demande est juste et si je suis prêt, que ma demande soit exaucée.** »
- Continuez de bien respirer, soyez à l'écoute de votre corps, laissez défiler vos pensées parasites et continuez de vous visualiser au cœur de cette forêt.

- Puis focalisez-vous sur votre plexus solaire (au niveau de l'estomac). Avez-vous des craintes ? Des peurs ? Si tel est le cas, accueillez-les et laissez-les passer. Si elles sont trop fortes, n'insistez pas, cessez l'exercice et recommencez plus tard.

- Puis descendez au niveau de votre chakra sacré (au-dessus de votre nombril) et visualisez votre corps énergétique s'extraire de votre corps physique. Il se peut que vous éprouviez une étrange sensation au niveau du ventre. Lors de cette étape, notez vos ressentis physiques et énergétiques. Vous pouvez rester ainsi quelques instants, puis visualisez votre corps éthérique regagnant votre corps physique. Là encore, notez vos ressentis.

- Une fois le corps éthérique réintégré, reprenez contact avec le grand arbre centenaire et, après plusieurs inspirations et expirations, ouvrez les yeux.

Cette mise en pratique peut être perturbante au départ, car les ressentis sont susceptibles d'être totalement inexistants ou, *a contrario*, décuplés, surtout si la notion d'« astral » vous est toute nouvelle. Il s'agit d'un très bon exercice pour vous familiariser avec la décorporation et ainsi favoriser le voyage astral.

Avec le voyage astral, apprenez à lâcher prise, à rester ancré dans le moment présent et à comprendre vos émotions. Appréhendez le monde subtil et travaillez votre être dans sa globalité, mais surtout, armez-vous de patience, car il se peut que votre expérience ne soit pas immédiate, et ce n'est pas grave. Et, si ce n'est pas le voyage astral, il y a bien d'autres moyens disponibles de s'allier au monde spirituel, et d'autres messages à recevoir par différents prismes…

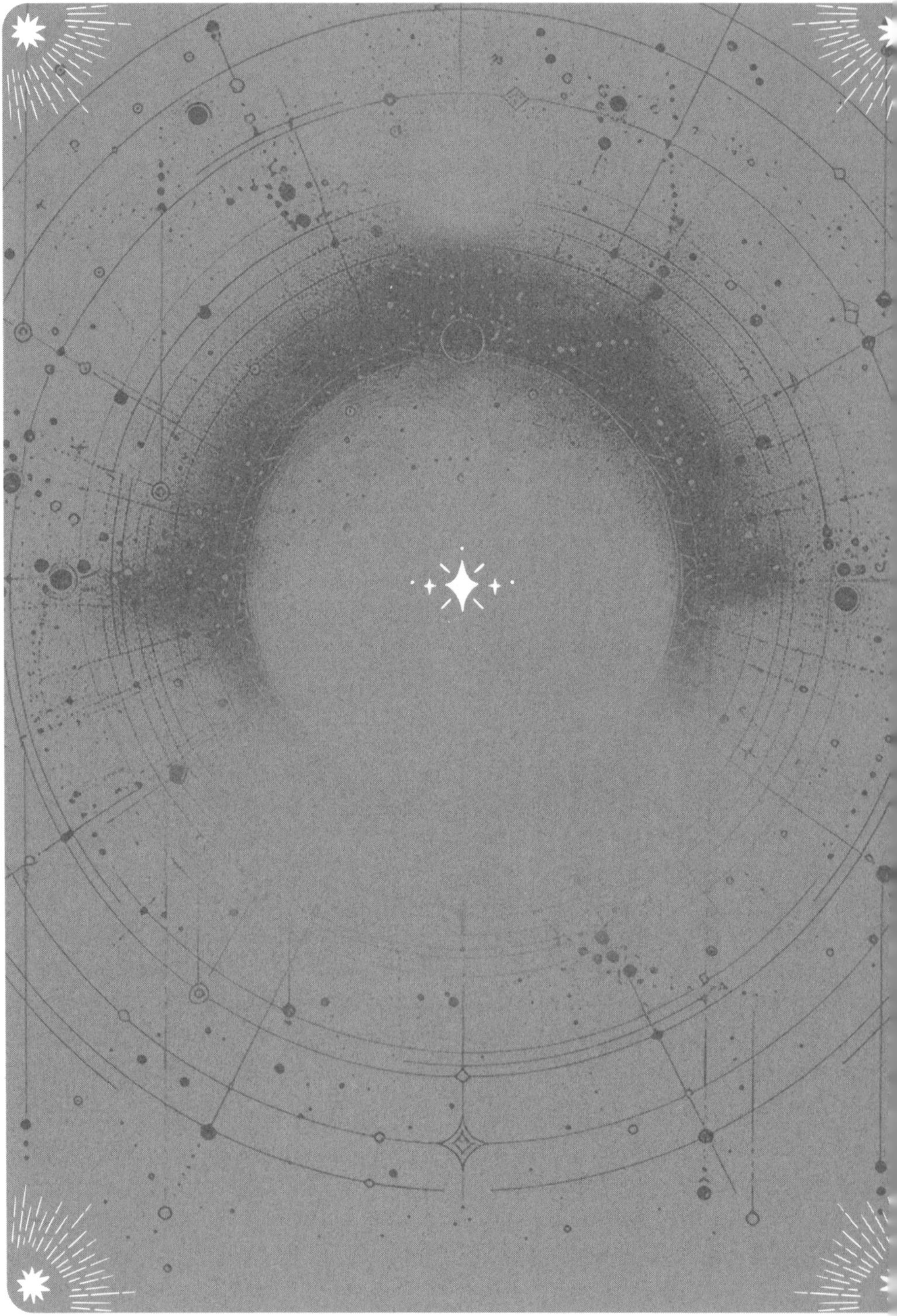

16

décembre

SABRINA **ROMEO-DUSSART**

Les contes de notre enfance : la Bête a une rose pour vous

Replongez en enfance une seconde fois et entrez pleinement dans l'esprit de Noël avec ce merveilleux conte qu'est *La Belle et la Bête*. Cette histoire a un nouveau message pour vous, et il est livré avec un bouquet de roses. Saurez-vous l'accueillir comme il se doit ?

L'histoire

Le conte *La Belle et la Bête* raconte l'histoire d'une jeune fille, Belle, qui vit avec son père, ses deux sœurs et ses trois frères. Le père part pour un long voyage, mais lorsqu'il se perd dans la forêt, il arrive par hasard au château de la Bête. Il cueille une rose pour Belle, seul cadeau qu'elle désire, contrairement à ses sœurs, qui souhaitent de belles toilettes. En cueillant cette fleur, il déclenche la colère de la Bête, qui emprisonne le vieil homme en dédommagement. Belle vole au secours de son père et demande à être enfermée à sa place, ce qui est accepté par la Bête.

Initialement effrayée par la créature, Belle découvre bientôt qu'elle n'est pas aussi terrible qu'elle en a l'air. Elle se lie d'amitié avec les objets enchantés du château. Au fur et à mesure du temps, Belle commence à voir la bonté et la gentillesse de la Bête, éprouvant même quelques sentiments pour lui. Apprenant que son père est malade, la Bête laisse Belle lui rendre visite. De retour chez son père, elle se rend compte de ses véritables sentiments pour la Bête. Elle revient juste à temps pour le sauver en lui déclarant son amour, brisant ainsi le sort jeté sur la Bête et tout le château. La Bête retrouve son apparence de prince charmant et tous les objets du château leur apparence humaine.

Mots clés

- Apparence
- Rose
- Beauté intérieure
- Transformation
- Ego
- Enchantement

Éléments symboliques de *La Belle et la Bête*

- **La rose enchantée :** se flétrissant progressivement, elle représente la notion du temps et de l'urgence. Cela peut symboliser la fragilité de la vie et l'impératif de chérir les moments précieux.
- **Le miroir magique :** il révèle à la Bête des événements se déroulant ailleurs, offrant un moyen de se connecter avec le monde extérieur. Il peut symboliser la nécessité de la conscience de soi et de la compréhension de son impact sur les autres.
- **Les livres :** la bibliothèque dans le conte symbolise la valeur de l'art et de la culture. Les livres représentent la richesse intérieure et la beauté qui peuvent être trouvées dans la littérature et les arts, plutôt que dans des biens matériels ou extérieurs. L'immense bibliothèque de la Bête est remplie de livres de toutes sortes, ce qui montre qu'il valorise l'apprentissage et la culture. Pour Belle, qui aime lire et apprendre, les livres offrent une évasion de sa vie quotidienne et lui permettent d'explorer des mondes imaginaires.

Personnalité des personnages principaux

Belle

Belle est un personnage complexe et nuancé, doté de qualités admirables telles que l'altruisme, l'indépendance, la résilience et l'empathie. Son caractère multidimensionnel et son évolution tout au long du conte en font un exemple puissant de force intérieure et de courage moral.

Belle se distingue par son altruisme et sa compassion envers les autres. Dès le début de l'histoire, elle sacrifie sa propre liberté pour sauver son père, démontrant ainsi son dévouement envers sa famille.

Son attitude empathique envers la Bête, malgré son apparence effrayante, souligne sa capacité à voir au-delà des apparences et à reconnaître la bonté intérieure.

Elle se démarque également par son indépendance d'esprit et sa soif de connaissance. Elle rejette les conventions sociales de son époque en refusant de se conformer aux attentes traditionnelles de mariage et de statut social.

Sa passion pour la lecture et son désir d'explorer le monde illustrent sa curiosité intellectuelle et son désir d'autonomie.

Malgré les défis auxquels elle est confrontée, Belle fait preuve d'une grande force intérieure et d'une résilience remarquable. Elle supporte courageusement les épreuves liées à la vie avec la Bête et reste fidèle à ses convictions, même lorsque sa propre sécurité est menacée.

Sa capacité à trouver de la beauté et du bonheur dans des circonstances difficiles met en lumière sa résilience émotionnelle.

Enfin, Belle possède en outre des compétences interpersonnelles impressionnantes, en particulier son empathie et sa capacité à communiquer efficacement. Son attitude compatissante envers la Bête lui permet de gagner sa confiance et de développer un lien profond avec lui au fil du temps. Sa capacité à écouter attentivement et à exprimer ses propres pensées et sentiments renforce ses relations avec les autres personnages.

La Bête

La personnalité de la Bête est tout aussi complexe, mêlant des traits de colère et de vulnérabilité, de solitude et de croissance personnelle. Son voyage émotionnel tout au long du conte met en lumière sa capacité à surmonter ses propres démons intérieurs et à trouver la rédemption à travers l'amour et la compassion.

Au début de l'histoire, la Bête est représentée comme un être colérique et agressif, ce qui reflète sa frustration et son tourment intérieur. Sa transformation en une créature monstrueuse est souvent interprétée comme une métaphore de son propre mal-être psychologique, résultant de sa malédiction et de son isolement.

La Bête est profondément marquée par son isolement et sa solitude forcés. Privé de contacts humains et rejeté par le monde extérieur en raison de sa laideur, il se retrouve seul dans son château enchanté, ce qui renforce sa souffrance émotionnelle et son sentiment d'abandon.

Sous son apparence effrayante, la Bête cache en réalité une grande vulnérabilité et une sensibilité profonde. Son comportement agressif est souvent interprété comme une tentative de se protéger des autres et de dissimuler ses propres peurs et incertitudes. Sa transformation progressive en un personnage plus aimable et compatissant révèle sa véritable nature douce et aimante qui est enfouie sous sa carapace extérieure.

La relation avec Belle joue un rôle crucial dans la transformation psychologique de la Bête. À travers son interaction avec elle, la Bête apprend à surmonter sa colère et sa méfiance, et à développer des qualités telles que la patience, la gentillesse et l'empathie. Sa capacité à évoluer et à se redécouvrir montre son aptitude à changer et à grandir en tant qu'individu.

Interprétation de *La Belle et la Bête*

La relation entre Belle et la Bête est souvent interprétée comme symbolisant l'acceptation de soi et des autres malgré les différences extérieures. Elle met également en avant la croissance personnelle et la capacité à voir au-delà des apparences pour découvrir la beauté intérieure.

En effet, la relation entre Belle et la Bête aborde le pouvoir de la compassion et de la gentillesse. Belle voit au-delà de l'apparence effrayante de la Bête et découvre la bonté qui se cache en lui. Cela souligne l'importance de la compassion dans les relations humaines. Belle, en dépassant l'aspect physique, découvre le cœur aimant de la Bête. C'est une représentation de la recherche de l'amour véritable qui va au-delà des apparences et qui se fonde sur des qualités plus profondes et durables. Ces qualités aident la Bête à s'accepter tel qu'il est. En effet, la Bête représente une figure qui a été maudite en raison de son comportement égoïste. La transformation finale de la Bête en prince peut symboliser la guérison intérieure, la rédemption et la capacité du changement positif. Cela renforce le message que l'amour et la compréhension peuvent conduire à la transformation personnelle.

Au début, Belle ressent de la peur envers la Bête. En la surmontant, elle découvre la véritable personnalité de la Bête. Ainsi, on peut souvent être effrayé par l'inconnu, mais en dominant cette émotion, des relations significatives peuvent se développer.

Le conte met en lumière la notion de sacrifice. Belle sacrifie sa liberté pour sauver son père, et la Bête, son propre bien-être pour la laisser partir. Ces actes de sacrifice soulignent le thème de l'altruisme et de la générosité dans les relations interpersonnelles. Le prince charmant est initialement prisonnier de son château, symbolisant son isolement et sa solitude. La relation avec Belle devient un moyen de libération, illustrant le pouvoir des relations humaines pour briser les chaînes de l'isolement émotionnel.

La transformation de la Bête en prince à la fin du conte peut être interprétée comme une métaphore de la façon dont les personnes peuvent évoluer intérieurement, indépendamment de leur apparence. Le conte est comme un appel à regarder au-delà des apparences et à apprécier la beauté intérieure des individus.

En résumé, *La Belle et la Bête* offre une exploration psychologique des thèmes tels que l'apparence et la réalité, le pouvoir de la compassion, la quête de l'amour véritable, l'acceptation de soi, la peur de l'inconnu, la captivité et la liberté, le sacrifice et l'altruisme, la transformation personnelle et la beauté intérieure. Ces thèmes ajoutent une profondeur émotionnelle et psychologique à l'histoire, en faisant réfléchir sur les aspects universels de l'expérience humaine.

Message du conte *La Belle et la Bête*

L'histoire intemporelle de *La Belle et la Bête* vous enseigne la puissante leçon de voir la beauté au-delà des apparences. Tout comme Belle a découvert la splendeur intérieure derrière la façade de la Bête, vous êtes invité à regarder au-delà des premières impressions.

Souvent, la véritable grandeur et la beauté résident dans les cœurs et les âmes, bien au-delà de l'enveloppe extérieure. La Bête, avec toute sa laideur apparente, cachait un trésor de gentillesse, de générosité et d'amour.

De même, dans votre propre vie, cherchez à voir au-delà des apparences superficielles. Parfois, une façade austère ou des imperfections recèlent des richesses, comme l'amitié, la compassion et la force.

Cultivez la capacité de regarder avec le cœur, d'apprécier la beauté intérieure et de reconnaître la valeur qui transcende l'apparence. Ainsi, vous pouvez découvrir la magie des relations profondes et des connexions significatives.

Que votre regard soit empreint de la sagesse de Belle, capable de voir la beauté au-delà des apparences, et que chaque rencontre devienne une chance de découvrir la richesse intérieure qui rend chaque être unique.

Les contes de notre enfance comportent toujours une jolie morale et une leçon de vie qui résonnent véritablement en nous une fois adulte. Les enseignements de *La Belle et la Bête* ne sont pas là par hasard, ils vous incitent à donner plus de place encore à la bienveillance, la compassion et la gentillesse dans votre vie.

Maintenant que ces messages vous sont parvenus, prenez votre plus beau miroir et regardez ce que l'avenir vous réserve…

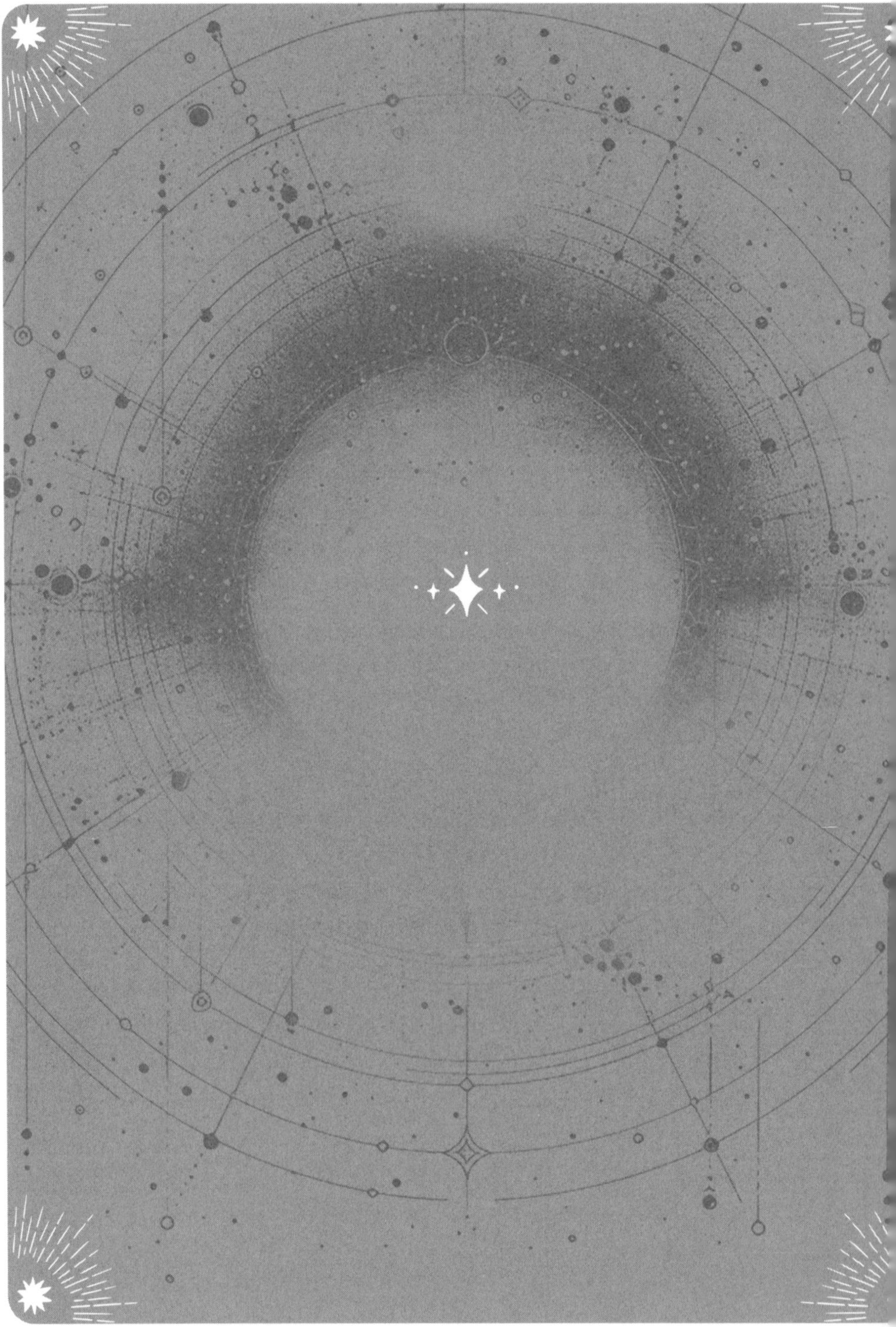

17
décembre

CHRISTIAN **VIDAL**

Décrypter l'avenir : la cristallomancie à votre service

Bienvenue dans l'antre magique de la voyance. Aujourd'hui, nous avions envie de vous faire découvrir l'une des nombreuses manières de décrypter l'avenir : la boule de cristal. À une semaine de Noël, que diriez-vous de vous mettre dans la peau d'un cristallomancien ?

S'il existe un emblème de la voyance, c'est la boule de cristal ou « miroir hindou ». Cette fameuse boule permet l'interrogation de l'avenir par la vision des reflets qu'on y voit.

Un bol d'eau ou bien un miroir peuvent également convenir et donnent de très bons résultats. Ces trois supports sont très anciens, mais peu pratiqués de nos jours. Nous recommandons d'expérimenter avec l'eau et les miroirs dans un premier temps, pour voir si cela vous convient.

Comment fonctionne une boule de cristal ?

Une boule de cristal agit comme un miroir et reflète dans ses facettes ce qui est ancré dans notre subconscient en nous plongeant dans un état hypnotique. Elle est un amplificateur permettant de focaliser notre esprit et de libérer notre troisième œil. Que l'on soit novice ou praticien confirmé, la cristallomancie est un excellent exercice pour nous entraîner à développer nos capacités psychiques et notre spiritualité.

Contrairement aux idées reçues, la boule de cristal est accessible à tous. Même si l'on rencontre quelques difficultés au début, avec de la patience et un entraînement régulier, on peut s'améliorer rapidement.

Les conditions d'utilisation de la boule de cristal

Choisir sa boule de cristal

Le choix d'une boule de cristal ne se fait pas au hasard. Tout d'abord, ne confondons pas une boule de cristal avec une boule en verre ordinaire. La teneur en plomb du cristal varie entre 24 % (cristal de base) et 28 % (qualité supérieure), ce qui n'est pas le cas pour le verre ordinaire. De plus, le cristal possède un son mélodieux et réfléchit superbement la lumière lorsqu'il est taillé. Il constitue donc un support parfait pour obtenir une bonne concentration de la pensée et l'interprétation des phosphènes (signaux lumineux qui ne sont pas produits par la lumière). La plupart des boules de cristal sont en matière transparente, mais une bonne boule de voyance n'a pas besoin d'être translucide. On peut aussi utiliser une boule en pierre polie comme l'améthyste, le quartz fumé, l'obsidienne ou toute autre pierre semi-précieuse de notre choix. Les praticiens préfèrent en général se servir d'une boule en cristal en raison des vibrations de son énergie apaisante et de la tranquillité d'esprit qu'elle procure. Le cristal contribue efficacement à faire le vide et éveiller la clairvoyance. La taille de la boule importe peu, si ce n'est l'esthétique (et le prix !).

Déterminer notre aire sacrée

Pour utiliser la boule, il faut se trouver dans un lieu adéquat, notre « aire sacrée », ou tout au moins un endroit calme où l'on ne sera pas interrompu. Une bonne atmosphère compte énormément. On peut mettre un fond de musique, si elle nous plonge dans un état méditatif. L'encens est également un vecteur d'énergie positive. Quand on débute, il est plus facile d'entrer en connexion avec sa boule de cristal lorsqu'il y a une lumière tamisée. Même si avec la pratique, on devient capable d'observer sa boule à la lumière du jour, un lieu un peu sombre convient mieux.

On peut s'éclairer avec une simple bougie posée sur la table, à un endroit éloigné de la boule, l'éclat étant ainsi réduit au minimum.

La boule de cristal est placée sur un socle ou un coussinet. Lorsqu'on ne s'en sert pas, elle est rangée dans sa boîte ou enveloppée dans une étoffe sombre. Elle ne peut rester à la vue de tous en tant qu'objet de décoration, et bien sûr, personne d'autre que son utilisateur ne doit la toucher.

Quand utiliser la boule de cristal ?

La tradition veut que la séance se fasse le vendredi à minuit. Les temps ont changé, et nous pouvons consulter notre boule quand bon nous semble, bien que vendredi, jour de Vénus, soit étrangement positif. Les moments idéaux pour consulter sont l'aube, le midi et au coucher du soleil, car les vibrations astrales sont optimales à ces moments de la journée. Évidemment, on s'adapte aux contraintes de son emploi du temps.

Comment lire dans la boule de cristal ?

Que voit-on dans la boule de cristal ?

Le cristal, par sa grande pureté, capte la lumière ambiante, les ombres et les reflets. On peut voir quatre types d'éléments dans la boule :

- des scènes détaillées, un peu comme si on regardait un film. Toutefois, si nos capacités parapsychiques sont différentes, fions-nous à nos intuitions ;
- des images sur la surface de la boule de cristal. Ces images venant du subconscient peuvent être floues ou précises, et nous devrons les interpréter ;
- des nuages dont les couleurs diffèrent et ne seront pas interprétées de la même manière (voir ci-après) ;
- des ombres qui bougent (voir ci-après).

Les étapes pour lire dans la boule de cristal

1. Assis et détendu, plaçons la boule sur un support en face de nous. Soyons dos à la lumière si nous nous trouvons dans la pénombre.
2. Posons nos mains sur la boule de cristal pendant deux minutes pour l'infuser de notre énergie.
3. Définissons nos intentions et visualisons notre question.
4. Enlevons nos mains de la boule.
5. Plongeons notre regard dans la boule de cristal. Essayons de ne pas cligner des yeux ou de détourner le regard. Fixons la boule pendant environ cinq à dix minutes. Gardons les yeux ouverts jusqu'à ce que ceux-ci commencent à voir trouble ou à avoir des larmes.
6. La boule se remplit alors d'une fumée laiteuse annonçant la vision. Restons concentré et continuons à regarder profondément. Parfois, seules des volutes se forment, ou bien une image apparaît progressivement. Fixons la boule du regard et détendons-nous, l'esprit et le cœur ouverts. Que ce soient des objets ou des volutes, la couleur importe (voir ci-après). Nos visions ne seront pas limitées à la boule elle-même. Elles peuvent aussi se produire dans la pièce avec nous. Nous pourrons voir et entendre des choses, soit simplement entendre, soit simplement voir.
7. Quand les images commencent à s'estomper, nous pouvons détourner notre regard.

Comment interpréter les images de la boule de cristal ?

Le reflet de notre subconscient se traduit par une image plus ou moins floue, ou bien des fumées sous forme de brouillard. Les images procurées par la boule peuvent n'avoir aucun sens au premier abord. Il est possible d'ailleurs qu'on ne les voie pas du tout. La plupart des images visibles sont symboliques. Interprétons-les en fonction de notre situation actuelle pour définir notre prédiction. L'interprétation peut être délicate dans un premier temps, mais ne nous décourageons pas. Surmontons les blocages. Il faut du temps pour percer tous les secrets de la boule de cristal.

La couleur des volutes

Les volutes peuvent être pures et frêles, ou sombres et opaques. Voici quelques significations et pistes d'interprétation :

- **fumée blanche** : succès, chance, réussite des projets ;
- **fumée dorée** : prospérité ;
- **fumée grise** : malheur ;
- **fumée noire** : mauvais présage. Arrivée d'ennuis ou de malheurs. Le degré d'obscurité du nuage nous informe sur la quantité de contrariétés à venir ;
- **fumée bleue ou violette** : favorable aux affaires. Bonne décision à prendre, persistons ;
- **fumée verte** : santé et bonheur au sein du couple ;
- **fumée orange** : colère, trahison (perte d'une amitié), une période de doute qui approche, perte de biens matériels ;
- **fumée rouge** : mise en garde contre les dangers, les accidents, la maladie, le chagrin ;
- **fumée argentée** : temps difficiles en vue, mais qui laisseront place à une longue période de bonheur ;
- **fumée jaune** : obstacles à prévoir sur le plan affectif. Trahison et duperie d'un ami.

Les couleurs ci-dessus s'appliquent non seulement aux fumées, mais aident à comprendre les objets que nous pouvons voir apparaître : une voiture rouge signifierait un accident de voiture ; une malle verte, un voyage familial ou sentimental, etc.

Les mouvements des ombres

Les ombres, dans la boule de cristal, montent, descendent, tournent… et peuvent s'interpréter comme suit :

- **mouvements descendants** : projets entravés, obstacles, rencontres ;
- **mouvements ascendants** : réussite ;

- **mouvements s'effectuant de droite à gauche**: indications portant sur le domaine sentimental et spirituel;
- **mouvements s'effectuant de gauche à droite**: indications concernant les intérêts matériels et financiers.

Outre les interprétations couramment admises, on peut former son propre code de décryptage des informations. Bien sûr, la tenue d'un journal de nos observations peut s'avérer utile.

Prendre soin de sa boule de cristal

Nettoyer notre boule de cristal après utilisation est essentiel. Sa purification régulière permet de préserver sa fonction divinatoire, eu égard à l'accumulation d'énergies négatives reçues pendant nos consultations. Il est donc recommandé d'utiliser un bâton de sauge, de l'encens ou des cristaux nettoyants comme la sélénite ou la citrine. On peut aussi se servir de vinaigre, d'eau et de savon doux, et essuyer avec un tissu sec.

Conseils sur l'entretien de la boule de cristal

Il convient de garder le cristal extrêmement propre. On ne doit y trouver aucune marque qui puisse nous distraire. Un nettoyage doit être impérativement fait avant la première utilisation.

1. On place la boule dans un récipient avec un peu d'eau et une pincée de sel.
2. On expose le tout au clair de lune (de préférence un soir de pleine lune), pour compléter le nettoyage et le chargement de la boule.

Outre la purification régulière dont on a parlé, un rechargement à la lune de temps à autre peut être utile. On ne doit jamais laisser la boule de cristal à la lumière du soleil. En revanche, placer la boule en permanence près d'une pierre de cristal de roche, de la sélénite ou de la citrine peut aider à maintenir sa pureté.

Votre voyage au cœur des volutes de la boule de cristal touche à sa fin. Nous espérons que l'expérience était plaisante, que les réponses furent nombreuses et éclairantes. Et laissez-nous vous dire que si votre aventure dans l'avenir est terminée, celle de l'amour ne fait que commencer...

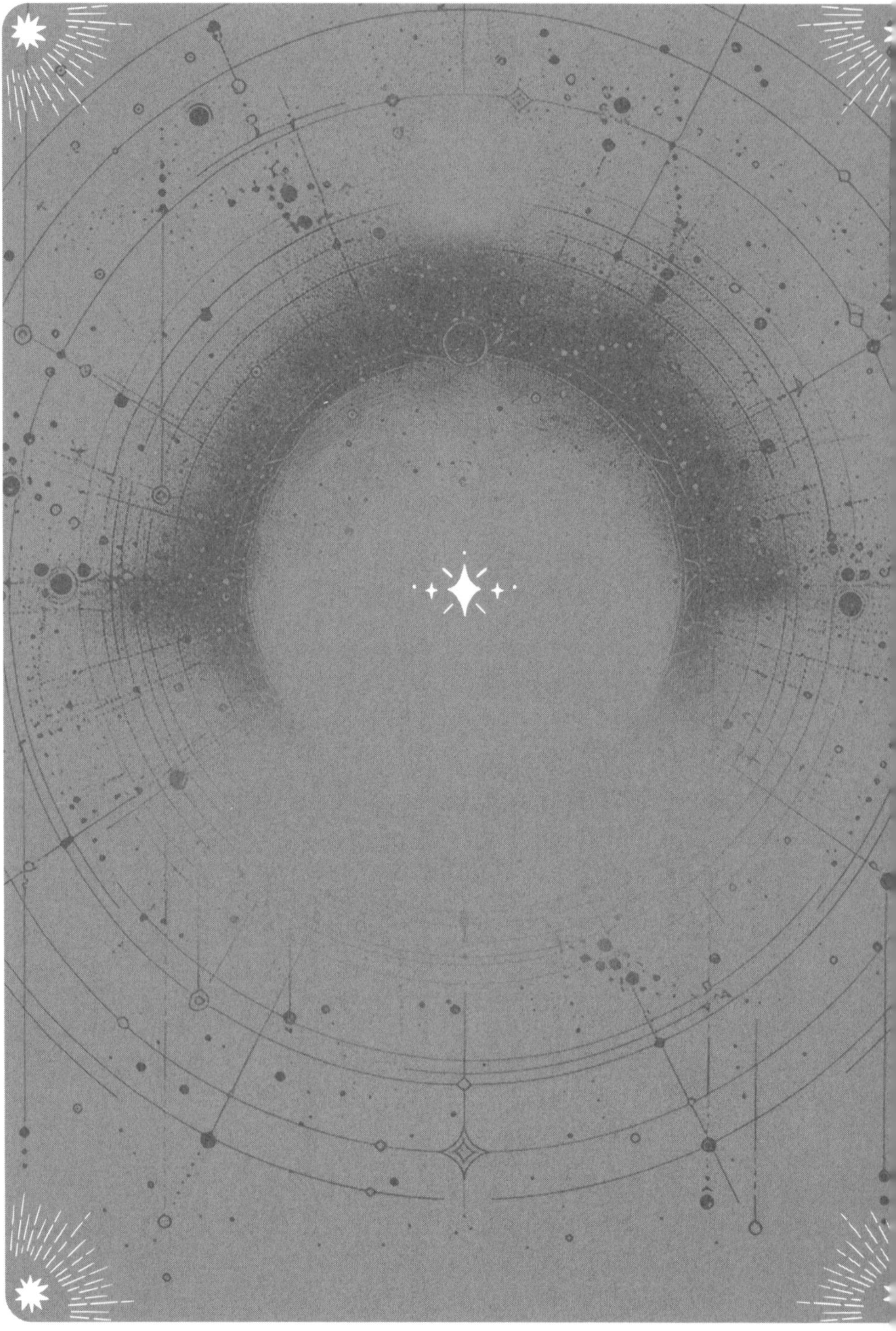

18
décembre

CÉLINE **COLLE**

Flammes jumelles : l'amour sous toutes ses coutures…

Parce que l'amour recèle des mystères, parce qu'il peut être fort, intense, immense, doux, violent, toxique, parce qu'il peut déchirer de la même manière qu'il peut lier, nous vous invitons aujourd'hui à plonger dans le grand bain des flammes jumelles.

La littérature regorge d'histoires d'amour au sein desquelles deux personnes sont irrésistiblement et inéluctablement attirées l'une par l'autre, même quand tout les oppose, même si les obstacles qui se dressent sur leur chemin paraissent insurmontables. On écrit depuis fort longtemps autour de la passion, des amours impossibles et des âmes sœurs, mais qu'en est-il des flammes jumelles ? Que désigne donc cette étrange appellation ?

« Flammes jumelles » est la traduction littérale de l'expression anglaise *twin flame*. Cette croyance veut que notre âme, avant de venir vivre son expérience ici-bas, ait choisi de se scinder en deux et d'investir deux corps afin de vivre une incarnation particulière puisque double. Nombreux sont celles et ceux qui aimeraient rencontrer leur flamme jumelle. Cependant, ce n'est pas une expérience offerte à tous puisqu'il s'agit là d'un choix d'âme qui se fait avant l'incarnation, et non de quelque chose qui se décide ni qui se cherche d'ailleurs. Une flamme jumelle vous « tombe dessus », si je puis dire, avec la violence de l'évidence, et si c'est pour le meilleur, c'est aussi pour le pire. Rien ne prépare à ce genre d'histoire et c'est justement ce qui fait son essence et son pouvoir.

Les jumeaux d'âme

Les flammes jumelles sont aux relations karmiques ce que les jumeaux monozygotes sont à la gémellité, c'est-à-dire les deux parties d'une même cellule souche. D'un point de vue spirituel, au moment de venir vivre une nouvelle expérience sur terre, l'âme se scinderait en deux, afin d'incarner deux corps et vivre ainsi deux expériences à travers deux personnalités souvent très différentes. L'un des deux jumeaux serait porteur d'une énergie à dominante **yin (une énergie féminine)**, tandis que l'autre serait animé d'une énergie à dominante **yang (énergie masculine)**, et ce sans distinction de genre (une femme peut très bien être porteuse de l'énergie à dominante yang et inversement).

Attention

Malgré une dominante, chacune des flammes porte bien évidemment les deux polarités en elle, l'objectif étant de retrouver l'équilibre entre les énergies masculine et féminine et de parvenir ainsi à l'union sacrée. Il est important également de comprendre que si l'autre est votre jumeau, il n'est pas votre « moitié ». Cela signifie que vous n'avez pas besoin de sa présence pour devenir un être complet.

Comment reconnaître une relation de flammes jumelles ?

Vous l'aurez compris, une rencontre avec sa flamme jumelle est un événement que certains d'entre nous ne vivent qu'une fois dans leur existence. La majorité d'ailleurs ne connaîtra jamais, tout au moins dans cette existence-ci, cette bouleversante expérience.

Il est évident que **chaque histoire de flammes jumelles est différente**. Cependant, pour avoir échangé sur ce sujet avec des flammes séparées, mais aussi avec des flammes qui se sont retrouvées, et après avoir lu quelques ouvrages abordant ce thème, il m'apparaît assez clairement que cette relation présente certaines spécificités quasi systématiques. La liste n'est évidemment pas exhaustive ni figée dans le marbre, mais voici les points communs aux différents témoignages que j'ai pu relever.

Impression de se connaître depuis toujours

Que le coup de foudre soit immédiat ou que quelques semaines soient nécessaires à la reconnaissance de sa flamme, le couple que forment les flammes jumelles est fusionnel. Les deux personnes semblent se connaître depuis toujours. L'expression souvent utilisée est **«il/elle semble lire en moi comme dans un livre ouvert».** Il est très difficile de cacher quelque chose à sa flamme, qui semble deviner les profondeurs de nos pensées. Par ailleurs, la plupart du temps, le mensonge, les non-dits n'ont pas lieu d'être dans ce genre de relation.

Attraction magnétique incontrôlable

L'attirance pour sa flamme n'a pas d'équivalent, et ce, même si celle-ci est très éloignée de nos canons de beauté habituels. Ainsi, l'être aimé peut se trouver physiquement aux antipodes de nos précédentes idylles, il sera souvent beau malgré tout à nos yeux, mais, surtout, il sera **irrésistiblement magnétique**. Le besoin de voir l'autre, de le toucher ou tout au moins d'être en sa présence, c'est-à-dire dans son champ énergétique, est très exacerbé. Un simple effleurement de l'un électrise l'autre. Il devient ainsi difficile de se détacher physiquement de l'autre, de s'éloigner, même pour quelques heures.

Même fréquence énergétique

Étant parfaitement reliées énergétiquement, les flammes vibrent à l'unisson dans les mêmes lieux, devant les mêmes films, en écoutant les mêmes chansons, en lisant les mêmes livres, en vivant les mêmes instants. C'est pour cela que tout instant passé ensemble prend une teinte d'une incroyable intensité et que les souvenirs de ces moments resteront bien souvent gravés malgré la séparation, l'absence, les silences et les années. **Ce que vous vivez, il le vit.** Même lorsqu'une distance temporelle et géographique les sépare, si l'un des deux jumeaux souffre et traverse une période énergétiquement basse, il est fort probable que le second vive un scénario similaire, même sans raison apparente. De la même manière, si l'une des flammes travaille sur elle, guérit et augmente son taux vibratoire, il est cohérent de penser que l'autre le ressente et profite de ces bénéfices.

Sexualité sacrée

S'il y a bien un aspect de la relation qui met d'accord toutes celles et tous ceux qui ont connu cette expérience d'amour inconditionnel, c'est bien celui de la sexualité. **Faire l'amour avec sa flamme jumelle revient à fusionner.** Les deux partenaires ont l'impression de ne faire qu'un physiquement, psychologiquement, émotionnellement et énergétiquement. Les sept chakras de l'un s'ouvrent et semblent entrer en osmose avec les sept chakras de l'autre. Le moment est d'une volupté, d'une sensualité et d'une puissance incomparables.

Sensation d'être rentré à la maison

Certains diront peut-être qu'il s'agit là aussi de connexion télépathique, mais je préfère distinguer cette caractéristique, car elle m'apparaît différente. Cette sensation difficilement descriptible est ressentie lorsque les deux jumeaux, assis ou allongés l'un en face de l'autre, prennent le temps de se regarder en silence. De cette plongée dans les iris de l'autre, on ne ressort pas indemne. Ne dit-on pas que les yeux sont les fenêtres de l'âme ? Les deux parties d'âmes semblent fondre l'une dans l'autre et connaissent alors le sens de l'expression **« vivre un instant d'éternité »**. Plus rien d'autre n'existe que l'être aimé, ni le temps, ni l'espace, ni rien de ce qui les entoure. Se séparer revient alors à s'arracher à cet Éden retrouvé. Le retour à la réalité terrestre est souvent brutalement ressenti.

Connexion télépathique

Cette qualité n'est pas propre à toutes les personnes ayant vécu l'expérience des flammes jumelles, mais quelques-unes disent avoir connu une connexion télépathique, ressenti un appel imminent ou l'arrivée de l'être aimé sans avoir été prévenues. Certaines parlent aussi d'une sensation de malaise tandis que le jumeau vivait un accident ou un mal-être soudain. **Nous sommes tous reliés,** ne l'oublions pas, et nous pouvons aussi capter sans le vouloir le mal-être d'un proche... Cependant, il est vrai que dans le cas des flammes, l'un sait souvent ce que l'autre ressent, lit dans ses pensées et est capable de terminer ses phrases.

Envie irrépressible d'être tout le temps ensemble

Qu'il s'agisse de rapports intimes fusionnels, d'une plongée silencieuse dans le regard de l'autre, d'un fou rire partagé, d'échange verbal passionné, chaque rencontre entre les deux flammes est un moment intense de communion qu'on a immédiatement envie de réitérer. Cette **fusion physique, mentale et énergétique** apporte systématiquement une sorte de dérèglement temporel. Le temps semble passer incroyablement vite, tandis que les moments de séparation sont interminablement longs. Naît alors cette envie irrépressible de passer chaque minute de son existence ensemble. Le reste n'est que temps perdu. Il s'agit là d'un ressenti très fort, pressant, voire oppressant. S'il est agréable au tout début, il devient vite embarrassant dans le bon fonctionnement du quotidien, car il perturbe notre rythme professionnel, notre temps consacré aux amis et à la famille. Chacun des jumeaux n'aspire qu'à retrouver l'autre et se demande comment il est parvenu jusqu'ici à vivre sans lui.

L'autre est notre contraire

C'est à cela souvent que l'on reconnaît de façon flagrante une histoire de flammes jumelles. Il existe entre les deux jumeaux des **différences physiques et comportementales fondamentales** : souvent, les deux personnes ne sont pas issues du même milieu social, elles n'ont pas forcément les mêmes valeurs, la même façon de fonctionner, le même âge, la même ambition, la même vision de la vie. Elles n'ont d'ailleurs parfois pas du tout la même vie (l'une peut être en couple avec des enfants quand l'autre est célibataire). Elles ne se ressemblent pas physiquement, d'ailleurs l'autre incarne souvent le contraire de ce que nous aimons habituellement chez un partenaire. Le conte *La Belle et la Bête* met parfaitement et magnifiquement en scène ces deux êtres que tout oppose et qui pourtant finissent inéluctablement par se rapprocher et s'aimer.

Amour inconditionnel

Ce lien qui nous attache si puissamment à l'autre pourrait être comparé à ce qu'on appelle l'amour inconditionnel. Une flamme a le sentiment de pouvoir **aimer l'autre envers et contre tout**, un peu comme un parent aime son enfant, l'attraction énergétique très forte en plus. Elle aime son jumeau même s'il est le contraire de ses schémas habituels, malgré ses défauts et les différences qui les séparent.

Avez-vous déjà connu une telle relation ? Ces mots entrent-ils en résonance avec ce que vous vivez actuellement ? N'oubliez pas, l'amour prend différentes formes, et rares sont les personnes qui retrouvent leur flamme jumelle. Vous n'en êtes pas moins incroyable et complet. Si l'amour n'est pas au programme demain, les émotions, elles, sont toujours présentes... Patience.

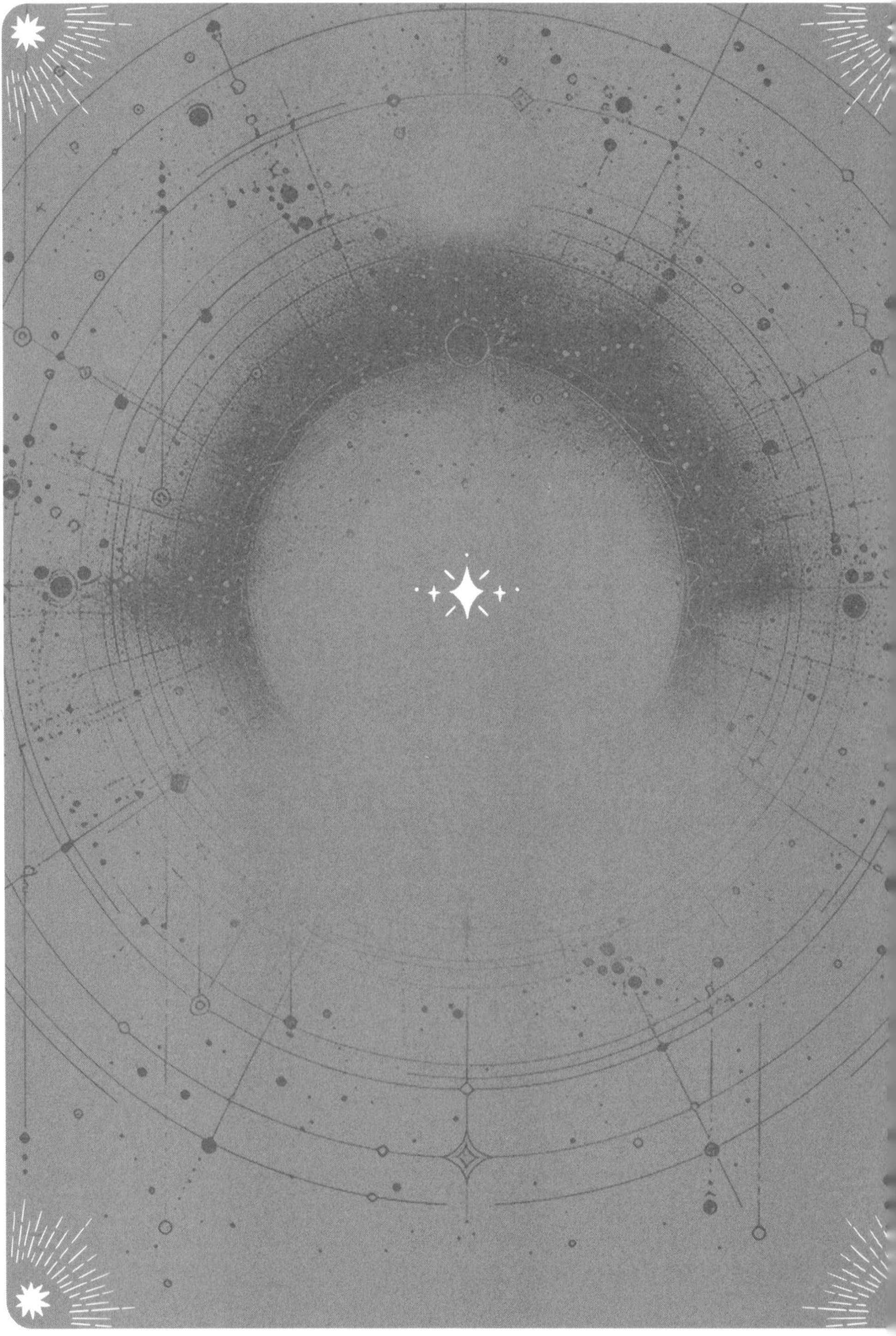

19
décembre

AMANDINE **ISSAVERDENS**

Troisième œil : osez l'ouvrir et l'utiliser

Et si, à quelques jours de Noël, vous laissiez grandir le mystère en vous connectant à votre troisième œil ? Aujoud'hui, nous vous invitons à vous ouvrir à la magie de la vie à travers vos perceptions extra-sensorielles.

Déployer son troisième œil demande alignement, humilité, discernement et conscience de soi.

Avertissement

Si vous êtes dans une situation personnelle et/ou mentale qui crée de la souffrance, je vous invite dans un premier temps à rechercher une aide auprès de personnes qualifiées pour vous accompagner psychologiquement avant de vous lancer dans ce type d'expérience qui demande une certaine stabilité émotionnelle et psychique. **Prendre soin de soi et de sa santé mentale est prioritaire. Vous ne trouverez jamais les solutions à votre souffrance en vous développant uniquement dans le domaine spirituel.**

La métaphore du troisième œil

Bienvenue dans le monde mystique et ésotérique où le troisième œil représente un autre regard qui, au-delà des yeux physiques, nous permettrait d'avoir accès à nos mondes intérieurs en percevant l'invisible, en nous reconnectant à notre intuition et nous offrant l'accès à **la véritable connaissance de soi**. Si les yeux physiques voient la matière, le troisième œil, quant à lui, voit au-delà des apparences. Nous pourrions le nommer **«l'œil de la sagesse»**, symboliquement placé au milieu du front, entre les deux sourcils.

Ouvrir son troisième œil nous permettrait de **développer nos facultés sensibles**, donc liées à l'intuition, la vision intérieure, mais aussi intellectuelles, elles, liées à la connaissance et au savoir. Lorsque cette ouverture du troisième œil a lieu, l'illusion de séparation tombe et nous prenons véritablement conscience que **nous sommes un tout**, jamais séparé des autres ni séparé du monde.

Pourquoi vouloir ouvrir son troisième œil ?

C'est la première question que j'ai à cœur de vous poser: **pourquoi**? Qu'est-ce qui vous pousse, aujourd'hui, à vouloir entrouvrir les volets de la perception? Devons-nous croire ce que nous pourrions voir? Je suis convaincue que **le troisième œil s'ouvre naturellement**, quand nous sommes prêts, et qu'il n'y a pas besoin de le forcer.

Je vous pose cette question essentielle, car, lorsque c'est notre ego qui souhaite absolument ouvrir cet espace, les répercussions ne sont pas toujours celles imaginées. En effet, cet **état d'expansion de conscience total** peut s'avérer perturbant puisque, si l'on peut «voir», nous verrons tout, y compris le négatif. Alors, qui souhaite ouvrir son troisième œil, l'ego ou le cœur? L'ego s'accroche et s'approprie les choses. L'Être les vit, tout simplement.

Équilibrer le troisième œil dans son énergie globale

Il y a une chose qu'il me semble important d'évoquer: on ne peut ouvrir son troisième œil, donc activer son sixième chakra, sans qu'**un travail d'harmonisation globale des énergies** soit effectué au préalable. Il est très important de revenir dans une forme d'équilibre. Il est important d'avoir «la tête dans les étoiles, mais de garder les pieds sur terre». Être ici et maintenant, dans l'instant présent, connecté à la terre, ressourcé par la nature, pour mieux revenir de ces moments d'expansion de conscience extraordinaire.

Utiliser les cartes oracles

Découvrez maintenant les cartes de l'oracle (grâce au QR code), chacune portant une thématique autour de l'ouverture du troisième œil. Pour chaque carte, vous trouverez deux modes de lecture : une première qui propose **un exercice** pour tendre vers cette ouverture du troisième œil ; et une seconde, plus introspective, qui servira d'**interprétation pour votre tirage de cartes**. Faites un tirage classique et laissez-vous guider.

Ajna : le chakra du troisième œil
Exercice : la respiration du troisième œil

1. Prenez le temps de vous installer dans une position confortable, si possible assis en tailleur. Fermez les yeux et portez attention à ce qu'il se passe en vous, au moment présent. Notez les tensions, les sensations corporelles, le bassin bien ancré au sol. Votre colonne vertébrale est droite, vos épaules sont relâchées. La colonne d'air est totalement ressentie.
2. Lorsque vous vous sentez pleinement présent à l'instant et à vous-même, je vous invite à porter toute votre attention sur un point, entre les sourcils. Vous pouvez l'imaginer et/ou le ressentir. Observez les sensations qui apparaissent à cet endroit.
3. Une fois ce point bien localisé et toute votre conscience ramenée dessus, vous pouvez imaginer respirer depuis ce troisième œil, comme si votre nez se situait à cet endroit. L'air entre depuis ce point, descend dans votre poitrine, au niveau du cœur. Imaginez l'air ressortir en faisant le chemin inverse. Notez, à nouveau, les sensations que cela vous procure. Observez tout cela avec un regard observateur et sans jugement. Si des images et des pensées vous viennent, observez-les simplement, sans chercher à les analyser. Lorsque vous sentez que c'est le bon moment pour vous, vous pouvez arrêter l'exercice et revenir au présent en rouvrant les yeux.

Guidance oracle

« Je vois au-delà du voile des illusions. »

Voici l'appel d'*ajna*, le troisième œil, celui de la vision intérieure qui se présente à vous aujourd'hui. « Je vois », vient-il vous dire, au creux de votre être. Je vois l'invisible, je vois le temps et l'espace, je vois l'autre, je vois la vie. Avez-vous déjà pris le temps d'aller à sa rencontre ? À l'heure actuelle, votre troisième œil peut être obstrué. Par peur ? Par méconnaissance ? Par manque de confiance ? Il est parfois difficile, dans le tumulte de la vie, de prendre le temps de voir les choses autrement, de s'autoriser à sortir de ses habitudes pour changer de vision ou de différencier la peur de l'intuition. Laissez votre vision intérieure, remplie d'imaginaire et de créativité, vous bercer par son langage dont vous ne déchiffrez pas encore les symboles. C'est aussi un merveilleux moyen de se connaître soi-même que d'oser ouvrir la porte à une autre vision. Tenez-vous prêt à son ouverture, elle est imminente.

Connexion à la nature : s'ancrer pour se ressourcer
Exercice : recharge dans la nature

Je vous invite à vous rapprocher d'un arbre qui vous attire, de façon spontanée. Il peut être dans votre jardin ou dans une forêt, au bord d'une route ou isolé, l'important est de trouver celui auprès duquel vous vous sentez bien. Une fois l'arbre choisi (à moins que ce ne soit lui qui vous choisisse), positionnez-vous devant, les pieds bien ancrés dans le sol, et posez vos mains sur son tronc. Vous pouvez aussi y déposer votre front ou votre joue, et lui faire un câlin. Faites ce qui est juste pour vous.
Prenez le temps de ressentir cet arbre. Observez vos sensations corporelles, ressentez la solidité, la force, l'enracinement et toutes les ressources positives que vous pourriez lui attribuer.
Vous pouvez ensuite imaginer un transfert de l'énergie de cet arbre dans vos mains, comme si vous pouviez vous nourrir, en toute humilité, de son énergie pour que celui-ci vous apporte sa force, son soutien, ...

... son réconfort ou tout ce qu'il vous évoque. Prenez le temps, tout au long de l'échange, de maintenir votre attention sur vos sensations corporelles pour savourer pleinement cette sensation de recharge.
Vous pouvez ajuster l'exercice selon vos envies et vos besoins: lui dire bonjour, lui demander son accord, lui parler ou encore le remercier. Quand vous vous sentez pleinement apaisé, vous pouvez revenir à vos activités.

Guidance orale

« Je ne suis pas seulement dans la nature, je suis la nature. »

Sortez ! Sortez et trouvez un coin de verdure, d'océan, de nature, et respirez. Revenez à la source de ce que vous êtes dans votre essence : un être vivant. Vous êtes la graine, le vent, la pluie, la terre et tous les éléments. Savez-vous que l'être humain est constitué à 97 % de poussières d'étoiles ? N'est-ce pas incroyable ? La nature, sous toutes ses formes, n'est-elle pas magique ? Quel meilleur terreau pour grandir et s'épanouir que de revenir à la terre, les pieds au sol, les cheveux au vent, l'oxygène inspiré à pleins poumons ? Votre vie est si précieuse et si fragile à la fois, et pourtant toujours intensément riche, intensément belle et intensément puissante. Prenez le temps d'honorer cette nature. Elle le mérite autant que vous. Regardez le ciel comme vous regarderiez un océan de tendresse. Regardez la fleur qui pousse comme un trésor jusque-là enfoui. Regardez l'arbre comme s'il était un vieil ami. Rien ne vous sépare de la nature ; vous en faites partie.

Télépathie intuitive : la communication intérieure
Exercice : capter l'autre à distance

1. Prenez le temps de vous recentrer, calmement, en prenant quelques respirations. Vous pouvez, dans un premier temps, fermer les yeux et visualiser la personne que vous souhaitez contacter. Si vous rencontrez des difficultés pour la visualisation, vous pouvez vous appuyer sur une photo. Essayez de percevoir la personne dans tous ses détails physiques, mais aussi dans tous les sentiments que vous pouvez ressentir à son égard.

2. Une fois le lien émotionnel établi, demandez-lui mentalement de vous contacter de façon physique : un appel, un courriel, une venue surprise, etc. Laissez le champ ouvert au moyen, émettez simplement l'intention que cette personne vous contacte d'ici 24 heures. Répétez cela autant que vous en ressentez le besoin durant la journée puis patientez en laissant la magie de la télépathie opérer.

Guidance oracle

« Je t'appelle et tu m'appelles, la magie de deux esprits reliés. »

Quelqu'un pense à vous ! Vous pouvez ressentir son appel parce que, en ce moment, vous pensez aussi à lui, sans trop savoir pourquoi. Il est probable que le lien télépathique soit là, entre vous, mais qu'il ne se matérialise pas encore physiquement alors que tout est là. Il ne manque que le passage à l'action. Si vous pensez à quelqu'un depuis plusieurs jours, n'attendez plus, contactez-le ! À moins que ce soit lui qui fasse le premier pas. « Tiens, justement, je pensais à toi ! » Voilà ce que vous pourriez lui répondre. Laissez-vous porter par cette magie qui vous relie indéniablement aux personnes qui comptent pour vous. Posez l'intention que cette reliance se manifeste et la magie opérera !

Que dites-vous de cette ouverture du troisième œil ? Vous a-t-elle permis de vous reconnecter un peu plus à vous-même, à la nature, au tout et, pour l'occasion, à la magie de Noël ? Faites confiance à votre intuition, c'est le plus beau des cadeaux ! Ne partez pas tout de suite, car notre petit doigt nous dit que la magie continue…

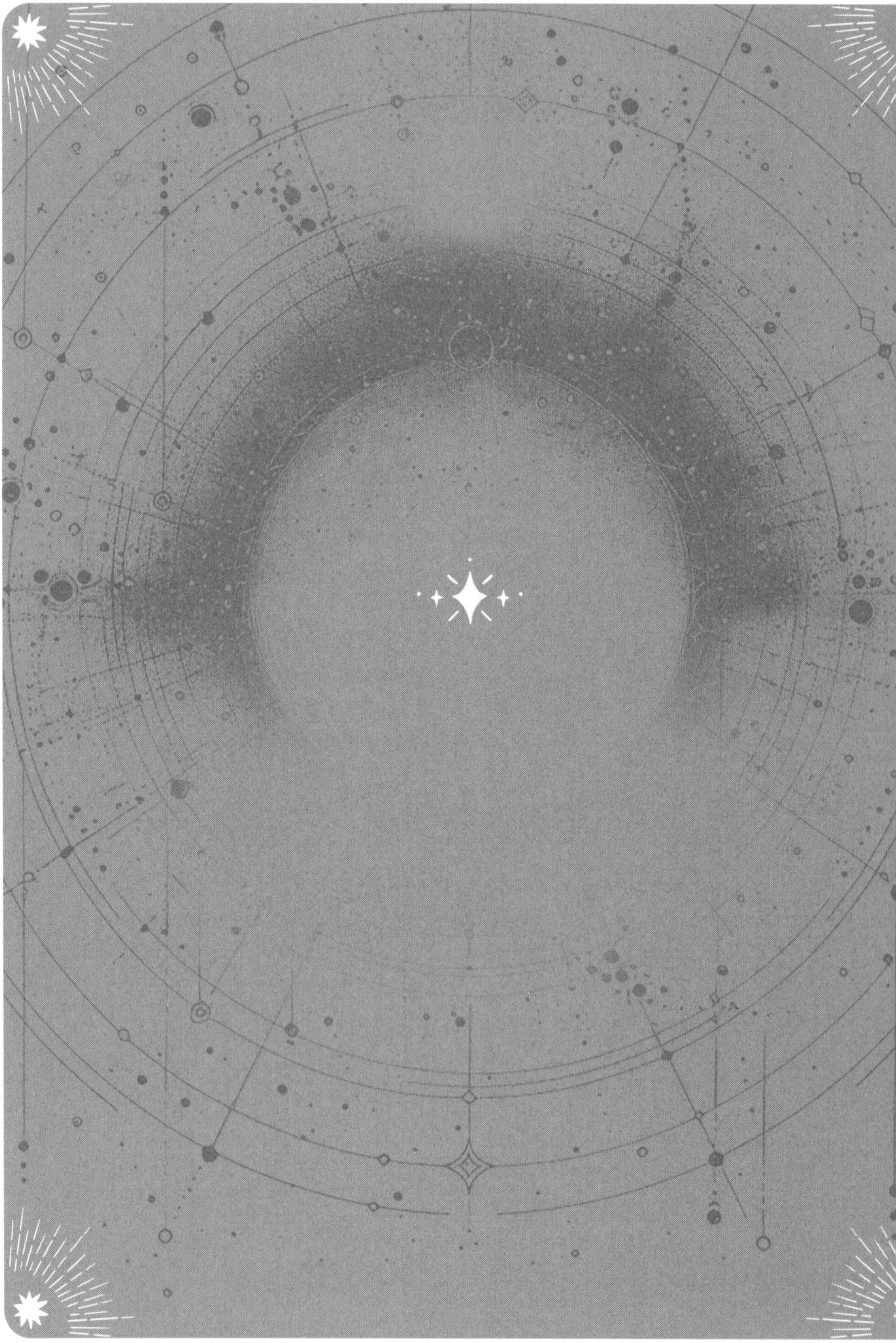

20
décembre

Magie blanche : plongez dans le grand bain des enchantements

Avez-vous déjà souhaité vous initier à la magie, lancer des sorts ou manipuler les énergies pour faire le bien autour de vous ? Dépassez-vous et osez partir à la découverte de la magie blanche. Attirez la chance, l'abondance, l'amour, la santé et la protection avec des potions, des amulettes, des bougies ou des rituels...

Comment fonctionne la magie blanche ?

La magie blanche est un système de pratique magique qui vise à utiliser les forces naturelles de manière bienveillante et éthique pour apporter des changements positifs dans la réalité. Elle se fonde sur la croyance que tout dans l'univers est composé d'énergie interconnectée, et que les praticiens de la magie peuvent canaliser cette énergie pour influencer les événements et les circonstances.

Le fonctionnement de la magie blanche repose sur plusieurs principes fondamentaux. Tout d'abord, il est essentiel de comprendre et de **respecter les lois de l'univers**, notamment la loi de l'attraction et le principe de cause à effet. Selon ces lois, les énergies que nous émettons dans l'univers reviennent vers nous de manière équivalente. Ainsi, en utilisant la magie blanche, les praticiens cherchent à envoyer des énergies positives et bienveillantes pour **attirer des résultats positifs** dans leur vie et dans celle des autres.

La magie blanche se sert de divers outils et techniques pour **canaliser et diriger l'énergie**.

- **Les rituels** sont souvent utilisés, avec des symboles, des objets, des bougies, des encens et des herbes spécifiques. Les incantations sont récitées pour focaliser l'intention et établir une connexion avec les forces supérieures ou les divinités, selon les croyances de chaque praticien.
- **La visualisation** joue également un rôle crucial dans la magie blanche. Les praticiens imaginent clairement leurs intentions et visualisent les résultats souhaités avec une grande concentration. Cette visualisation intense permet de renforcer l'intention et de donner forme à l'énergie dirigée vers un objectif précis.

En somme, la magie blanche fonctionne en canalisant l'énergie naturelle à travers des rituels, des symboles et des intentions clairement définies.

Elle repose sur la croyance en l'interconnexion de toutes les choses et utilise cette énergie pour attirer des résultats positifs dans la vie des praticiens et des autres, dans le respect de l'éthique et du libre arbitre.

Il y a quatre principes importants en magie blanche à connaître pour comprendre comment cela fonctionne réellement.

Le principe de l'intention

Il est fondamental d'être bien clair avec ses objectifs afin d'avoir l'intention la plus explicite et bienveillante. L'intention, le but poursuivi, est le fil conducteur des rituels, sorts et autres activités, auxquels elle donne du pouvoir. En magie blanche, il est important **d'avoir une intention bienveillante, pure et honnête**, car ce sont ses fondements. Elle doit être formulée de manière précise, claire et affirmée, et être en harmonie avec les lois universelles de la nature.

La loi de l'attraction

La loi de l'attraction découle du pouvoir de l'intention et est un concept qu'on retrouve beaucoup dans le développement personnel et qui est relié à la manifestation. Selon cette loi universelle, **nos pensées, nos émotions attirent des choses similaires dans notre vie**. Si l'on se concentre sur une pensée positive et un désir spécifique que l'on vibre, on attirera ces choses-là dans la réalité. C'est comme si l'on s'alignait à une fréquence particulière pour recevoir ses désirs.

La loi des correspondances

Selon cette loi, il existe **des liens et des correspondances entre différentes choses dans l'univers**, que ce soit sur le plan physique, symbolique ou énergétique. En magie blanche, cette loi est souvent utilisée pour créer des rituels et des sortilèges qui font appel à ces correspondances afin d'influencer une situation ou d'atteindre un objectif spécifique. Par exemple, on peut recourir à des herbes, des couleurs, des pierres précieuses, des symboles ou des rituels qui sont en harmonie avec son intention ou son objectif. Ces éléments reliés partagent des similarités et des connexions énergétiques qui vont renforcer l'intention principale.

La loi du triple retour

Selon cette loi, toute action magique que l'on effectue, qu'elle soit positive ou négative, revient à nous trois fois plus puissante. La loi du triple retour est basée sur **le principe de la causalité, selon lequel chaque action entraîne une réaction**. Dans le contexte de la magie, cela signifie que l'énergie que nous libérons dans le monde revient à nous de manière amplifiée.

Pour les praticiens de la magie blanche, la loi du triple retour agit comme un rappel éthique important. Elle encourage à pratiquer la magie de façon responsable, en se concentrant sur des intentions positives et bienveillantes. Si l'on utilise la magie pour faire du bien aux autres, cela reviendra également à nous de manière bénéfique. En revanche, si l'on utilise la magie pour nuire à autrui ou pour des intentions négatives, les conséquences peuvent être plus lourdes et nuire à son propre bien-être.

Comment formuler une affirmation, une incantation ou une formule magique lors d'un rituel ?

Il suffit de formuler de façon claire la situation qu'on veut atteindre sans utiliser la négation. **Les rimes** permettent de donner une énergie encore plus forte. L'incantation doit être prononcée avec une intention bien précise, et il est préférable de **la répéter trois fois**.

Pourquoi répète-t-on trois fois son incantation ?

- Le chiffre 3 est associé à la création et est un amplificateur d'énergie. Chaque répétition ajoute une énergie de concentration et de focalisation supplémentaire.
- Le chiffre 3 permet aussi l'alignement avec les trois plans : le physique, le mental et le spirituel.
- Il est enfin associé au respect des cycles naturels, le lever, le zénith et le coucher du soleil, ou encore les phases de la lune (lune croissante, pleine lune, lune décroissante).

Créer son autel de sorcière

Un autel de sorcière est **un espace sacré et symbolique** utilisé dans la pratique de la magie et de la sorcellerie. C'est un lieu où les sorcières et les praticiens peuvent se connecter avec les énergies, les divinités et les éléments lors de leurs rituels, sortilèges et méditations.

Voici quelques étapes pour créer votre autel de sorcière.

- **Trouvez l'endroit idéal.** Trouvez un endroit calme chez vous et que vous ressentez comme important sur le plan énergétique pour pouvoir installer votre autel. Cela peut être une table, une étagère ou un coin spécifique de votre maison.
- **Choisissez la surface principale de votre autel.** Cela peut être une nappe, un tissu particulier ou d'une couleur spécifique, une planche ou autre. Assurez-vous que la couleur ou la matière représente l'énergie que vous souhaitez attirer.

Sélectionnez les éléments. Choisissez les objets principaux que vous mettrez sur votre autel, sachant que celui-ci pourra être modifié selon vos rituels ou encore selon les sabbats de l'année. Vous pouvez y ajouter des bougies, des cristaux, des herbes, des symboles spirituels, des statues représentant les divinités que vous souhaitez honorer, des images des divinités, des offrandes, des outils rituels (athamé, baguette, chaudron...), des photos, des tarots, des oracles, tout ce qui peut résonner avec votre pratique personnelle.

Disposez par la suite, de façon significative, les objets sur votre autel. Vous pouvez les placer en fonction des directions cardinales, des éléments, des cycles lunaires ou selon votre propre intuition.

Entretenez-le régulièrement. Prenez soin de votre autel en le nettoyant et en le purifiant souvent. Vous pouvez aussi recharger régulièrement les cristaux et les objets qui se trouvent dessus.

Rituel pour attirer la chance

Ce rituel vous permettra de fabriquer et charger une pièce de chance, symbole de chance et d'abondance, avec l'énergie de chance. Cette pièce magique est à garder près de vous quand vous avez besoin d'un peu de chance.

Matériel nécessaire

- Une bougie verte.
- Un chaudron.
- Un trèfle (à quatre feuilles, si possible, sinon à trois feuilles).
- De la menthe.
- De la verveine.
- Une pièce de monnaie.
- Du charbon ardent.

Instructions

1. Commencez par préparer et purifier l'espace. Créez un cercle sacré et consacrez vos outils magiques avec des prières, des incantations et différents symboles ou éléments sacrés.
2. Allumez une bougie verte près de vous le temps de faire ce rituel, et installez la pièce de monnaie sur l'autel, près de la bougie.

3. Installez votre chaudron sur votre autel. Allumez un charbon ardent et déposez-le dans le chaudron. Prenez une feuille de laurier, écrivez-y le mot « Chance » ou dessinez-y la rune Jera, associée à la chance. Enflammez cette feuille de laurier et déposez-la dans le chaudron. Laissez-la brûler.
4. Dans le chaudron, ajoutez les herbes : le trèfle à trois ou quatre feuilles séché, associé à la chance ; un peu de menthe séchée, réputée pour favoriser la bonne fortune, l'abondance et la réussite ; la verveine séchée, utilisée pour attirer la chance, la protection et la réussite.
5. Laissez ensuite infuser le tout dans le chaudron avec le charbon qui permet de brûler toutes les herbes.
6. Placez ensuite la pièce de monnaie au-dessus de la fumée, et laissez-la infuser de cette fumée de chance, puis répétez trois fois l'incantation :

Fumée de menthe, verveine et laurier,
Infuse cette pièce de ta magie sacrée.
Apporte la chance, que je puisse prospérer,
Que les voies de l'opportunité soient toujours éclairées.

7. Une fois que vous ressentirez que la pièce de monnaie est suffisamment infusée de l'énergie de chance, vous pourrez clore le rituel et garder le talisman de chance auprès de vous dès que vous en aurez besoin.

Astuce de sorcière

Pour attirer la chance et vous protéger de l'envie et du mauvais œil, vous pouvez garder sur vous une amulette de l'œil grec.

Vous disposez maintenant des clés pour vous initier à l'art de la magie blanche. La chance est au bout du chemin, les énergies sont à vos côtés dans la bienveillance et la compassion. Nous croyons que vous aurez bien besoin de ces lumières et énergies blanches, car l'hiver toque à votre porte. Ouvrez-lui, mais attendez demain pour cela…

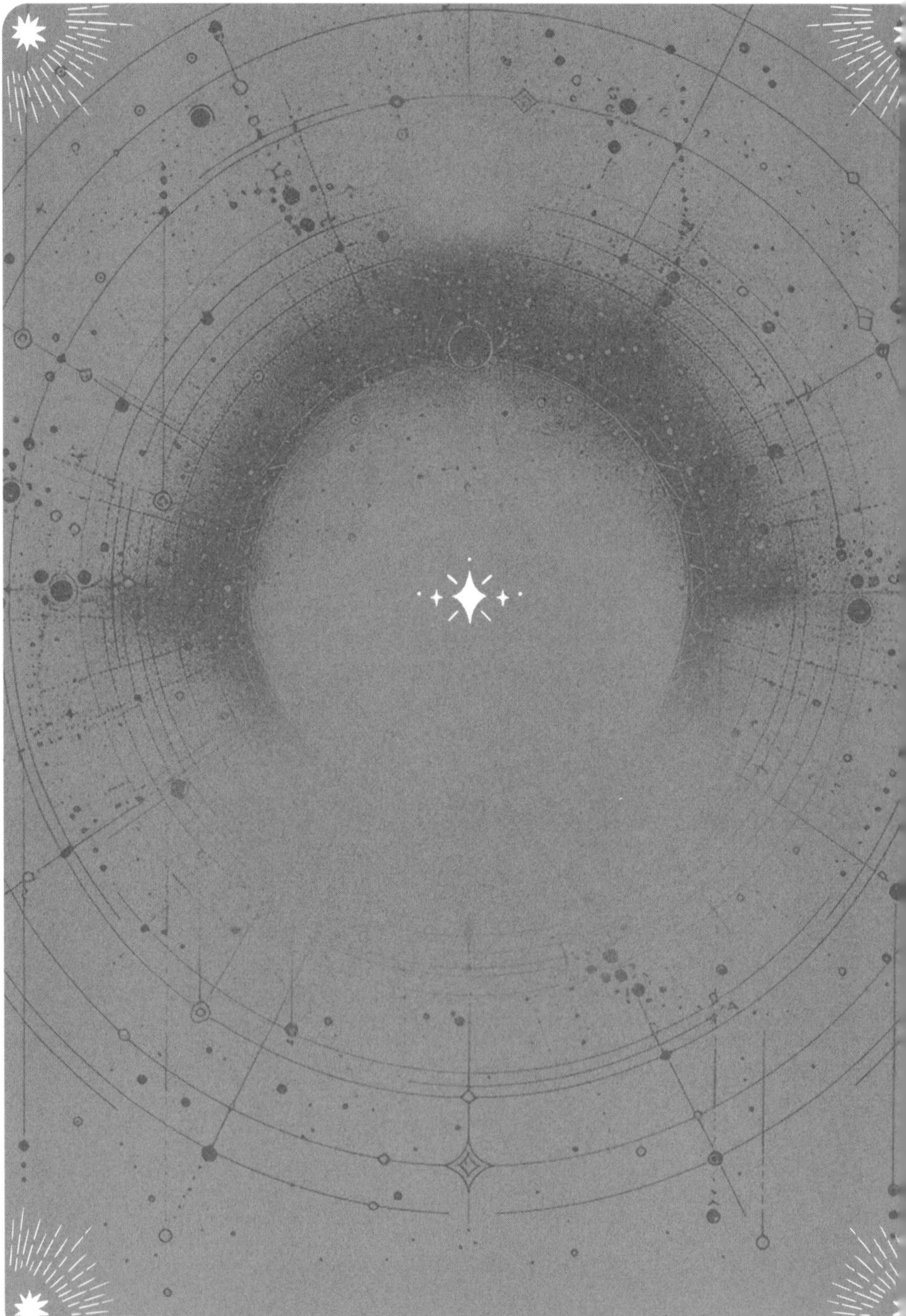

21 décembre

SABRINA **ROMEO-DUSSART**

Célébrations païennes :
Yule vous accueille

Préparez-vous, car aujourd'hui est un jour de fête ! Eh oui, le 21 décembre célèbre le solstice d'hiver. Et quoi de mieux qu'un petit tour d'horizon de cette cérémonie pour lui faire entièrement honneur ? Tenez-vous prêt, car les rituels, les recettes et les histoires seront au rendez-vous.

Yule : le solstice d'hiver

INTÉRIORISATION – RÉGÉNÉRATION – ESPOIR

Saison : hiver

Élément : eau

Signes du zodiaque : Sagittaire, Capricorne

Système solaire : nouvelle lune

Yule est célébré le 21 décembre. C'est un sabbat considéré comme mineur, qui représente le solstice d'hiver et l'entrée dans cette saison. Yule (*youl*) peut être assimilé à Noël.

Le mot « solstice » vient du latin *solstitium*, composé de *sol*, pour « soleil », et *statum*, « immobile », qui traduit la position immobile du soleil à ce moment de l'année. Un solstice correspond à un moment d'apogée de la nuit ou de la lumière dans l'année. Il s'agit ici du solstice d'hiver et donc du jour le plus court de l'année. Le jour dure moins de huit heures lors de cette journée, contre plus de seize heures au solstice d'été. À partir de ce jour, les journées commenceront à rallonger jusqu'au solstice d'été.

Cette célébration annonce le début de l'hiver et d'une saison de repos, de silence et d'introspection. La nature comme les animaux semblent s'être endormis pour passer l'hiver au chaud avant le grand réveil du printemps. Le solstice d'hiver est le moment idéal pour prendre le temps de se régénérer, mais également pour profiter des festivités en famille, car c'est un sabbat joyeux et porteur d'espoir (retour de la lumière).

Symbolique et énergie de Yule

Bien qu'il soit considéré comme le dernier qui clôture l'année pour le calendrier chrétien, Yule est le deuxième sabbat pour la wicca. C'est **une célébration joyeuse et porteuse d'espoir** avec le retour du soleil. C'est aussi une des périodes de l'année les plus difficiles, avec un paysage décharné, des animaux absents, une nuit très présente et un froid glacial. Ce moment a également son versant très festif, car il est ponctué de retrouvailles et réjouissances en famille, autour d'une table ou d'un bon feu de cheminée. Les lumières sont présentes un peu partout sous forme de guirlandes lumineuses, les rues ont des odeurs d'épices gourmandes et il flotte dans l'air un esprit de féerie.

L'hiver est associé au féminin et à la Terre Mère. Cette « nuit des mères » (nom du solstice en Europe du Nord) prend également son sens avec toutes les figures féminines à l'honneur dans les différents peuples : Frigg, la reine des neiges scandinave, Holda, la déesse germanique de Yule, La Befana, une sorcière italienne bienveillante, ou encore Baba Yaga, figure surnaturelle du conte russe.

Les traditions de Yule

Yule est l'occasion de se réunir et de décorer **le sapin** (l'arbre de décembre), qui est le pendant du mât de mai (l'arbre de mai). Ce conifère à l'odeur caractéristique symbolise le pouvoir de la vie et de la survie à l'hiver, puisqu'il fait partie des arbres qui ne perdent pas leurs feuilles à cette saison.

Bien que reprise par le christianisme, **la couronne de l'Avent** est un incontournable de Yule. Composée d'éléments naturels comme des branches de pin, de houx, de laurier, quatre bougies (symboles de lumière) y sont déposées pour représenter le cycle des quatre saisons et les points cardinaux. Une bougie est allumée par semaine, correspondant chacune à une saison, en commençant par le printemps.

La tradition **des cadeaux** n'est pas une coutume moderne, mais bien ancienne, car des présents étaient offerts aux dieux pour solliciter leurs clémences durant l'hiver. Des faveurs étaient demandées en échange de cadeaux, puis la tradition est restée pour récompenser un bon comportement. Une coutume reprise plus tard par Saint-Nicolas, Noël et autres festivités de la période.

La bûche de Yule est la plus grosse bûche de chêne choisie pour le solstice (à l'image du Roi Chêne combattant l'hiver) et allumée la veille du solstice. Elle est décorée d'éléments naturels et gravée de symboles. Durant sa combustion, des vœux, des toasts ainsi que le récit de contes et légendes sont partagés. Si elle brûle jusqu'au petit matin, cela est signe de bon présage pour l'année. Une fois enflammée, elle symbolise la partie croissante de la lumière jusqu'au solstice d'été. Aujourd'hui, la bûche de Yule est représentée par les bûches glacées ou en gâteaux.

Le solstice d'hiver est une invitation à se tourner vers l'intérieur et à apprécier le repos et le silence de l'hiver. Yule vous invite à prendre le temps de regarder en vous afin d'explorer vos profondeurs. Bien que souvent inconfortable, cette action est nécessaire afin d'observer vos peurs et vos blessures, et ce qui pourrait entraver votre « renaissance au printemps ». Qu'est-ce que l'obscurité vous offre ? Ce passage nécessaire vous permet de mieux vous connaître et de grandir, car c'est de l'obscurité que naît la lumière.

C'est également un temps de joie et de partage, avec les fêtes de l'hiver, qui sont pleines de magie et de gourmandises. Des instants chaleureux à partager, entouré de vos proches, donnant l'occasion de créer vos propres traditions de famille. C'est une période particulièrement joyeuse, qui contrebalance avec la rigueur de l'hiver. Profitez de chaque petit moment de bonheur qui viendra entretenir votre petite flamme intérieure.

Après ces longs mois de course et avec les préparations des fêtes de fin d'année, vous avez besoin de prendre du temps pour vous. Yule vous invite également à prendre le temps de vous reposer et de vous régénérer avant la grande renaissance du printemps.

La tradition : les 12 jours de Yule

La tradition des douze nuits de Yule vient des peuples du Nord et s'apparentait à un véritable travail de développement personnel. En effet, ils honoraient chaque nuit une qualité, durant douze nuits à compter du solstice d'hiver. Une nuit était ainsi dédiée aux mères, une autre à la persévérance, la suivante à l'harmonie, etc.

Histoires, légendes et divinité : le père Janus

Le solstice d'hiver, après la mort symbolique de Samhain, représente l'espoir et le retour de la lumière.

Janus fait partie des dieux anciens et est appelé « père des dieux » par les Romains. Il est décrit comme le gardien des portes et des passages. Il est celui qui ouvre et qui ferme. Janus est considéré comme un dieu des naissances et de tout ce qui permet de faire éclore la vie, comme les semences. Il est dit que ses temples sont composés de quatre portes en lien avec les quatre saisons. Une des traditions qui perdure encore est les étrennes de janvier. Quelques pièces glissées dans les mains des enfants signifient son attachement pour eux ainsi que le souhait de les voir prospérer au long de l'année à venir.

Le dieu Janus est également représenté par deux visages. Une face tournée vers l'arrière, permettant d'observer l'année écoulée et d'en faire un bilan, et l'autre tournée vers le futur, favorisant les projections vers l'avenir.

« Sous l'œil amusé d'un dieu, un regard posé sur les souvenirs heureux du passé, un autre glissant sur toute tendresse ou tout miracle à venir. »

Correspondances

Chaque sabbat est relié à un ensemble de correspondances qui symbolisent son énergie, comme des animaux, des plantes, des objets ou encore des divinités. Vous pouvez utiliser ces différents éléments dans vos décorations et/ou vos rituels.

- **Objets et symboles :** bougie, bûche, sapin, flocon de neige, pomme de pin, houx, étoile, gui, bâton de cannelle, écorce d'agrumes.
- **Couleurs :** rouge, vert, blanc, violet, or, argent.
- **Animaux :** ours, chouette, hibou, cerf, loup, tortue.
- **Arbres :** chêne, houx, cèdre, pin, sapin, genévrier, épicéa.
- **Plantes, herbes :** gui, lierre, oliban, lichen.
- **Fleurs :** poinsettia, rose rouge ou blanche, rose de noël (hellébore).
- **Encens :** genévrier, vétiver, cèdre, myrrhe.
- **Pierres :** grenat, rubis, cristal de roche, pierre de lune, améthyste.
- **Dieux et déesses :** Aphrodite, Frigg, Baba Yaga, Befana, Hélios, Janus, Saturne, Roi Chêne.

Idées d'activités et de recettes

Rien de mieux pour vivre et célébrer un sabbat que de réaliser des activités ou des recettes permettant de se plonger dans l'énergie de celui-ci.

- Célébrez les festivités de Yule.
- Offrez des présents à vos proches.
- Fabriquez des pots-pourris avec des odeurs réconfortantes.
- Allumez des bougies et créez les vôtres.
- Racontez des histoires autour d'un feu de cheminée.
- Confectionnez une couronne de l'Avent.
- Profitez du silence.
- Prenez le temps de vous reposer, de lire, de méditer.
- Décorez votre sapin et votre intérieur.
- Créez vos propres décorations naturelles.
- Cherchez votre bûche de Yule et brûlez-la.
- Cuisinez des gourmandises d'hiver.
- Préparez des boissons chaudes et épicées.
- Profitez de repas en famille.
- Prenez du temps pour ne rien faire.

Rituel de Yule

Les rituels de Yule portent principalement sur la guérison, l'espoir, la régénération et la lumière.
Le rituel suivant est une proposition de **rituel de lumière** pour garder l'espoir et éclairer votre chemin.

Matériel pour le rituel

- Une bougie dorée.
- Quatre bougies vertes.
- Huit bougies rouges.
- Des bougies blanches (suivant le nombre de participants).
- Des branches de sapin, gui, houx.

Le rituel de lumière

- Installez la bougie dorée au centre des branches, puis installez-vous en cercle.
- Méditez sur l'année écoulée : les événements, les leçons et les cadeaux.
- Avec la bougie dorée, allumez les quatre bougies vertes placées aux directions cardinales, en commençant par l'est jusqu'au nord.
- Allumez ensuite les huit bougies rouges représentant les huit sabbats de l'année.
- Chaque personne allume ensuite sa bougie blanche avec la bougie dorée et la place devant lui afin de manifester sa part de lumière.
- Prenez ensuite le temps d'observer toutes ces flammes qui brillent et illuminent la nuit noire.
- Chacun repartira ensuite avec sa bougie, qu'il laissera allumée.

Yule vous invite à vous recentrer sur vous-même et à prendre une grande respiration libératrice. Dans ce moment de repli, les éléments qui vous entourent encouragent souvent à la pleine conscience, au cocooning, au relâchement. Mais préparez-vous lentement à enfiler votre manteau, car l'appel de la nature n'est pas loin…

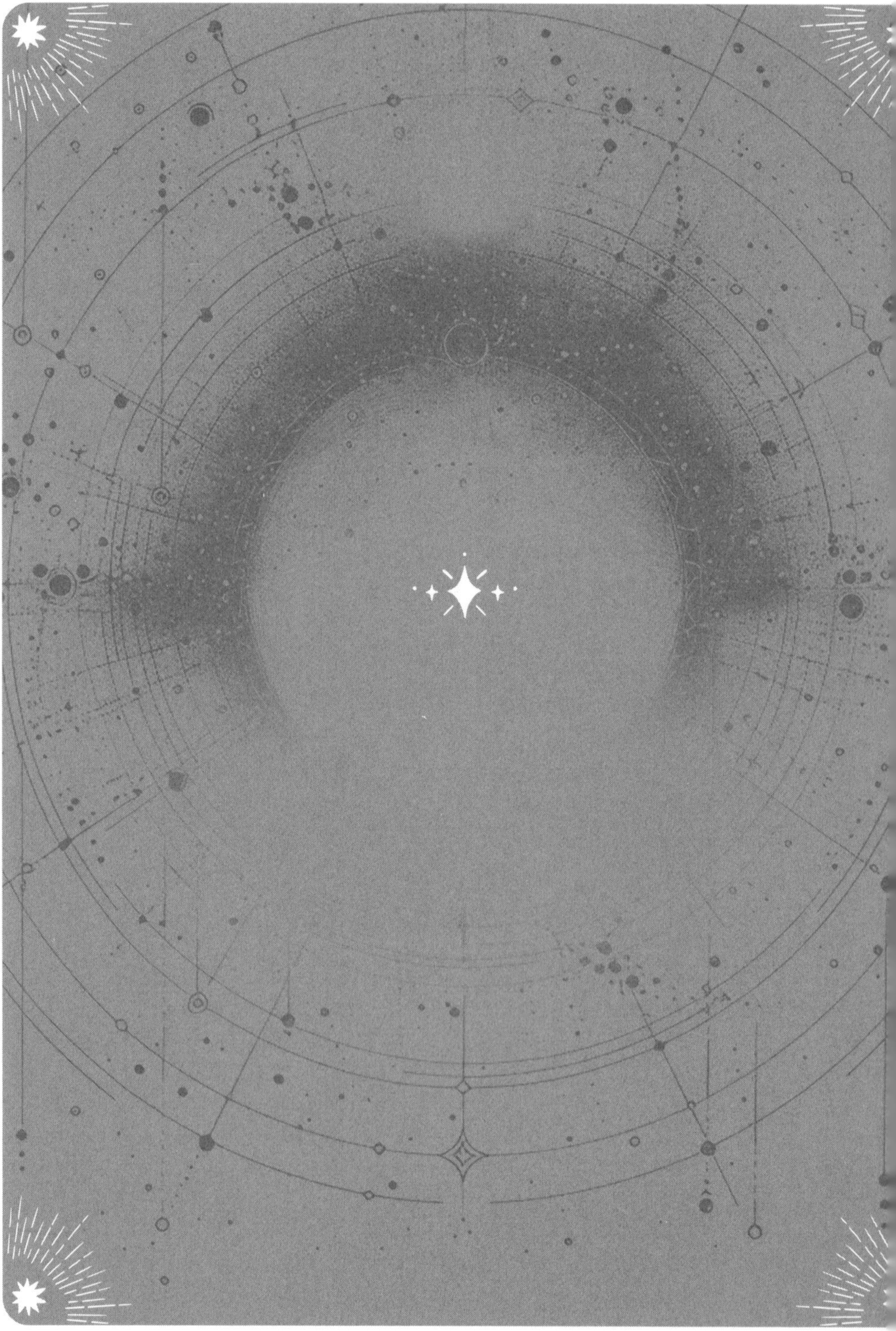

22 décembre

FABIENNE **MAILLEFER**

L'énergie des arbres : embrassez leurs pouvoirs, accueillez leurs messages

À seulement trois jours de Noël, pourquoi n'iriez-vous pas faire une balade en forêt ? Ce serait l'occasion pour vous de vous reconnecter à la nature, par le biais des arbres. Car tout ce qui vous entoure est source d'énergie, et les arbres aussi peuvent vous guider.

Pourquoi se connecter à l'énergie des arbres ?

Il n'y a pas d'arbre plus important qu'un autre, simplement des fonctionnalités, des énergies et des symboles qui lui sont propres en tant qu'arbre, mais aussi liés à certaines essences. Les arbres sont autant d'êtres silencieux qui assistent au fil des siècles à l'évolution humaine, tout en la subissant. Ils sont toujours présents, là, debout, muets.

Les raisons qui nous amènent à vouloir un jour **découvrir l'énergie des arbres** sont assez personnelles et, après une brève enquête dans mon entourage, je découvre que ce qui « donne envie » de se connecter autrement au peuple des arbres, c'est leur beauté. Il y a dans l'arbre **une beauté pure**, quels que soient sa forme, le développement de sa couronne ou sa grandeur. N'avez-vous jamais observé que même l'arbre le plus rabougri attire le regard, suscite l'admiration, semble posséder en lui une beauté parfaite ?

Il n'y a pas d'arbre laid, l'arbre est parfait par essence, l'aviez-vous remarqué ?

Et puis, qui ne se sent pas confortable assis au pied d'un arbre ou adossé contre lui ?

Il y a donc quelque chose d'étrange et de magique qui nous attire pour « faire corps » avec l'arbre. Les séminaires où chacun embrasse un arbre en forêt sont légion, et même si, perçue de l'extérieur, cette pratique peut sembler incongrue, je vous encourage à essayer, vous ne resterez pas indifférent à cette expérience, quoi que vous ressentiez consciemment ou inconsciemment.

Donc, l'intérêt de se relier à un arbre ou une forêt résiderait dans la possibilité, en tant qu'humain, d'atteindre :

- la beauté et la perfection ;
- un sentiment de confort, voire de réconfort ;
- une sensation de faire « un » avec le monde végétal, ou tout du moins celui des arbres ;
- une forme de « reboostage », de faire le plein lorsqu'on est raplapla ;
- l'expérience de nouveaux ressentis physiques et psychologiques ;
- une relation intuitive avec le vivant autre qu'humain ou animal ;
- la perception d'une conscience de groupe.

Quel est votre intérêt à vouloir vous connecter à l'énergie des arbres ? Qu'est-ce qui vous plaît dans le contact avec un arbre ?

Afin de faire émerger à votre conscience ce qui vous lie au monde des arbres, voici déjà un petit exercice qui va vous faciliter la tâche.

Exercice : quel est mon lien avec les arbres ?

Cet exercice va vous permettre de mieux comprendre **ce qui anime votre envie d'être en lien avec les arbres** ou qui fait que vous êtes déjà sensible aux arbres.

...

...

1. Sur une feuille A4, dessinez le premier arbre qui vous vient à l'esprit, sous forme de croquis, ou, si vous n'êtes pas trop inspiré, reproduisez la silhouette d'un des arbres ci-dessus sur votre feuille. Il faut que vous dessiniez à main levée l'arbre de votre choix, et non que vous photocopiiez ou scanniez ceux qui servent d'exemples. Votre arbre doit être au centre de votre feuille et comporter des racines.
2. Maintenant que l'arbre est au centre de votre feuille, choisissez des mots qui parlent de votre relation aux arbres, cela peut aussi être des adjectifs qualificatifs, des mots-souvenirs, des pensées. Pour y arriver plus facilement, vous pouvez vous poser la question : *Qu'est-ce que j'aime chez un arbre ?* ou encore : *Qu'est-ce qu'un arbre évoque pour moi ? À quoi l'arbre me fait-il penser ?* Ne vous censurez pas, inscrivez tout ce qui vient autour de l'arbre, essayez toutefois de mettre uniquement des mots plutôt que des phrases. Ne vous arrêtez pas avant d'avoir au moins une vingtaine de mots inscrits sur la feuille.
3. Pliez la feuille en deux, une fois dans le sens de la longueur et une fois dans le sens de la largeur, de manière à avoir quatre parties sur votre feuille.

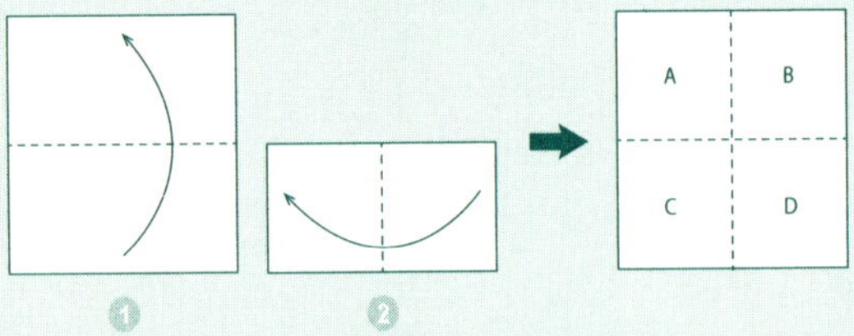

4. Analysez d'abord où se trouve la silhouette de votre arbre. Est-elle centrée, déborde-t-elle plus à gauche ou à droite de la ligne centrale ? Le volume de l'arbre est-il bien centré ou plutôt contre le haut ou contre le bas de la feuille ? Constatez, ne jugez pas, vous irez voir les explications plus tard.
5. Puis relevez les mots qui se trouvent dans les différentes cases A, B, C, D. Si vous avez un mot à cheval sur deux cases, attribuez-le à chacune des cases.
6. Regardez les explications suivantes, vous serez étonné de voir comment votre relation à l'arbre est influencée par votre histoire de vie.

Certainement que, à la suite de cet exercice, vous commencez à réaliser que nous sommes, nous les humains, liés indéfectiblement au monde des arbres et que l'attirance pour ces grands seigneurs est irrépressible. Soyons conscients que nous avons besoin du monde végétal à nos côtés pour vivre dans la paix et la sérénité intérieure, les arbres en sont un des représentants, mais nous pourrions étendre cette conscience à l'ensemble des végétaux de la Terre.

Réponses à l'exercice

Vous avez plié votre feuille en deux, une fois dans la longueur et une autre fois dans la largeur. Voyons ce que révèle l'analyse du placement de votre arbre sur la feuille en matière de personnalité.

- **Décalé vers la droite** : vous êtes plutôt quelqu'un qui aime se projeter dans l'avenir, qui aime anticiper ce qui peut se présenter à vous. Vous avez de la difficulté à réellement vivre dans le moment présent, tant votre quête de demain est reliée à votre besoin de contrôler votre vie.
- **Décalé vers la gauche**: votre vie, vos choix, vos projets sont souvent faits en fonction de votre passé. Vous n'osez parfois pas vous lancer dans une nouvelle expérience, car vous êtes conditionné par les épreuves vécues. Tout cela influence beaucoup votre capacité à oser faire confiance à la vie.
- **Bien au centre** : vous avez déjà expérimenté, ou vous le faites à présent, les bienfaits du *carpe diem*, soit le fait de vivre dans l'instant présent. Vous vous sentez en ce moment équilibré et bien dans votre peau, dans un équilibre de vie qui vous convient bien.

L'intensité avec laquelle votre arbre se déporte vers la gauche ou vers la droite accentue les aspects de votre personnalité, développés ci-dessus. Prenons maintenant le temps d'analyser les mots qui se trouvent dans chacune des cases A, B, C et D. Selon l'endroit où ils se situent, ils dénotent des parties de vous, de votre histoire, que vous recherchez à travers votre contact avec les arbres.

- **Case A:** relevez tous les mots, adjectifs ou autres que vous avez inscrits dans le quart supérieur gauche (A) qui est le lieu des mémoires passées, celles de vos vies passées. Ces mots sont révélateurs de la manière dont vos cellules, lorsqu'elles sont en contact avec un arbre,

...

... cherchent à se connecter à des mémoires du passé, comme si votre corps physique avait besoin d'un fil d'Ariane qui vous relie à vos vies antérieures et vous harmonise avec elles. Ce sont un peu comme des messages qui peuvent répondre à votre besoin de comprendre la direction donnée à votre existence, à travers ces souvenirs du passé.

- **Case B :** relevez tous les mots qui y sont inscrits, même partiellement (parfois, un mot est à cheval sur plusieurs cases) et observez-le, ressentez ce qui se passe à l'intérieur de vous. Je vous suggère d'enjoliver ces mots, avec des papillons, des couleurs, des étoiles. L'idée, c'est de leur donner du relief, de les mettre en évidence, car ces mots sont l'essence de votre futur, ils sont porteurs de l'énergie qui vous construit à l'avenir. Et si vous trouvez qu'un des mots ou qualificatifs n'a pas une connotation très positive, sachez que vous pouvez influer sur votre futur. Il vous suffit alors de rattacher ce mot à un autre mot que vous pouvez rajouter et qui reflète plus vos envies d'être dans l'avenir. L'avenir n'est pas fixé, il existe de nombreux futurs probables qui dépendent de notre état d'esprit dans le présent.
- **Case C :** les mots qui se trouvent dans la case C sont près des racines de l'arbre et dans la partie gauche représentant ce qui est derrière vous, votre passé. Or, c'est grâce à votre passé, quel qu'il soit, que vous vous êtes construit. Ainsi, les mots que vous avez choisis sont assurément liés à des souvenirs de votre passé (dans votre vie actuelle). Peu importe finalement que ces évocations aient été joyeuses ou tristes, c'est ce qui vous a construit et qui fait l'être que vous êtes. Vous pouvez les entourer des couleurs rouge, brun, orange en les mêlant aux racines de votre arbre, en les inscrivant même le long des racines de votre arbre. Tout ce que vous avez vécu a participé à être qui vous êtes, et même si le chemin a été difficile, semé d'embûches, c'est à travers lui que vous pouvez être fier de qui vous êtes aujourd'hui.
- **Case D :** c'est la dernière case en bas à droite, celle qui marque le futur, celle qui indique quelles sont vos compétences actuelles, vos ressources, les choses sur lesquelles vous pouvez compter pour avancer et évoluer dans les semaines, mois et années à venir. Il faut imaginer que ces ressources sont encore en partie enfouies à l'intérieur de vous, comme des graines plantées au pied de cet arbre et qu'elles

ne demandent qu'à germer. Pour ce faire, maintenant que vous avez pris connaissance de vos forces, il vous suffit de reconnaître chaque jour un peu plus ce potentiel. Ce n'est pas très compliqué, vous pouvez dire à voix haute chaque fois que vous faites quelque chose dont vous êtes fier : « Je suis fier de moi, bravo [votre prénom], tu es un être formidable, je t'admire et t'apprécie. » Ce n'est pas une ode à votre nombril, mais bien une reconnaissance de vos compétences et puis, quand vous vous félicitez, vous n'avez pas besoin d'avoir des spectateurs aux alentours.

Les arbres ont un message pour vous…

Je vous propose maintenant de choisir une des trois cartes ci-dessous en ayant, au préalable, formulé une question qui pourrait-être : *Je demande à l'arbre que je vais tirer dans cet oracle de m'indiquer les choses sur lesquelles il est nécessaire que je porte mon attention dès aujourd'hui.*

Lisez ce que les arbres ont à vous dire en scannant le QR code.

N'oubliez pas d'expérimenter la profondeur de l'échange avec la forêt et ses habitants, et de considérer chaque arbre que vous croisez comme un grand sage. Laissez l'énergie des arbres vous revigorer et utilisez leurs messages comme une guidance. Surtout, gardez à l'esprit que l'univers regorge de signes. Et vous n'avez pas fini d'en recevoir…

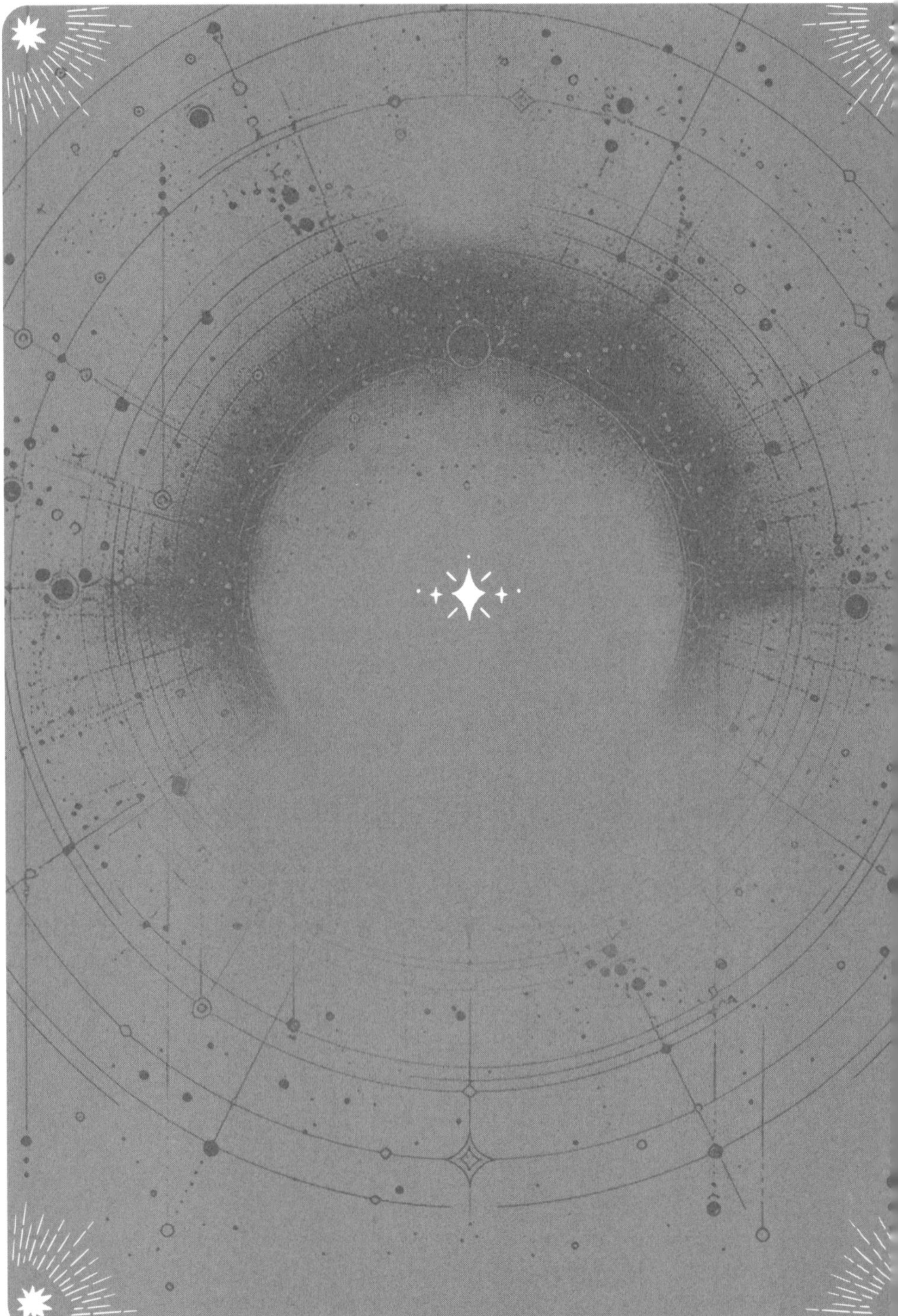

23 décembre

CÉLINE **COLLE**

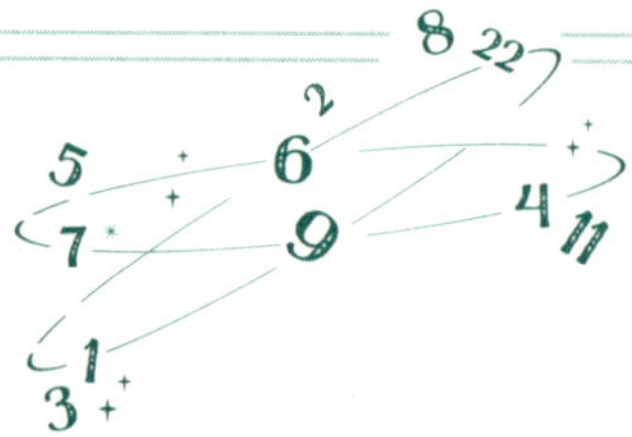

Numérologie : ce que les chiffres disent de vous…

À l'heure des remises en question de fin d'année, des bonnes résolutions et des fêtes de famille, nous sommes plus que jamais en quête de sens, et nous sommes nombreux à chercher à donner plus de conscience, de sagesse, de cœur à notre vie et à nos actions. Difficile à faire lorsqu'on se connaît mal, lorsqu'on ignore le potentiel qui dort en nous. L'épanouissement n'est possible que si l'on se connaît, l'on se comprend, l'on se reconnaît, l'on s'accepte et que nos actions sont en accord avec l'être véritable que nous sommes.

Nous ignorons que notre vraie personnalité, nos dons, nos goûts, nos besoins, nos forces, nos faiblesses, ce qui fait sens pour nous et constitue notre essence résident dans les numéros qui nous sont propres, obtenus à partir de données attribuées lors de notre naissance.

Je vous propose, pour cette nouvelle case du grimoire de l'Avent, de vous initier à la numérologie, pour en apprendre plus sur vous-même et enfin développer vos pouvoirs intuitifs.

- **Nom de famille** : toujours utiliser le nom de naissance, celui que nous avons reçu de nos parents, car sa vibration fait partie de notre mission d'âme.
- **Le ou les prénom(s)** : il est important d'utiliser tous les prénoms d'une personne dans un thème, car chacun d'entre eux apporte sa propre vibration, et ceux-ci ne nous ont pas été donnés par hasard.

- **La date de naissance** : le jour, le mois et l'année où nous sommes nés vont également nous permettre d'obtenir des indications précieuses sur les énergies qui nous entourent et la manière dont elles nous influencent, en fonction des périodes dans lesquelles nous évoluons.

Qu'est-ce que la numérologie ?

On associe encore trop souvent, à tort, la numérologie à un art divinatoire. Elle n'est pas cela (puisqu'elle ne « lit » pas l'avenir), mais bien une science qui s'appuie sur les numéros pour appréhender l'individu et les périodes qu'il traverse.

Et si les nombres qui nous entourent contenaient des informations sur notre être profond ? Si notre thème numérologique dévoilait nos goûts, nos talents, nos besoins, notre mission de vie, ce que nous sommes venus travailler sur Terre ? S'il permettait de lever le voile sur nos blocages pour mieux s'y attarder et les dépasser ? Et si la numérologie réveillait nos superpouvoirs en nous offrant l'immense opportunité de devenir le créateur de notre vie et de donner un sens à notre existence ?

Je ne suis pas un numéro

Largement répandue dans les magazines féminins, l'idée perdure que nous serions reliés à UN numéro. **On ne saurait résumer la personnalité d'un individu à la symbolique d'un seul numéro.** Ce serait bien trop restrictif ! Dans un thème numérologique, les différents calculs mettent à jour une série de plusieurs numéros qui nous sont propres, et c'est à travers la signification de chacun d'entre eux que va pouvoir se dessiner notre essence profonde dans toute sa diversité, sa complexité, ses complémentarités, ses paradoxes parfois. Chaque nombre raconte ce que nous sommes venus expérimenter ici-bas en révélant nos dons, nos atouts, nos forces, mais aussi en faisant la lumière sur nos faiblesses, nos blocages, nos défis, nos mémoires karmiques. Chaque individu est la somme de tous ces nombres qui parlent de nous avec une grande précision.

La part d'ombre et la part de lumière des nombres

La vibration d'un nombre va nous parler d'un ou plusieurs traits de caractère à travers nos talents, bien sûr, mais souvenons-nous que nous vivons dans un monde duel. Rien n'existe sans son contraire : la lumière et l'ombre, le jour et la nuit, le blanc et le noir, le bien et le mal...

Il en va de même pour les nombres. Leur valeur symbolique s'exprime de manière positive et négative. Ainsi, les nombres vont révéler nos qualités, nos forces, mais aussi nos défauts, nos faiblesses. Il est toujours intéressant de regarder les deux faces d'un même nombre.

La numérologie, à quoi ça sert ?

La numérologie est mieux qu'un bilan de compétences, car les numéros ne mentent jamais, la numérologie peut nous apporter cette richesse incroyable : **nous connaître**. Elle est une merveilleuse révélatrice.

- Elle permet de **prendre conscience de qui l'on est véritablement,** d'identifier ce qui nous anime, ce qui donne du sens à nos actions, de prendre confiance en nous et en nos talents, de comprendre quelle est notre mission de vie, de savoir ce sur quoi nous devons travailler pour parvenir à nous accomplir pleinement.
- Elle nous offre aussi la possibilité **d'appréhender les différents cycles de notre vie et leur influence,** de connaître la météo de notre année, de savoir comment agir en adaptant nos actions et nos décisions.

Les trois essences : vos numéros essentiels

J'ai décidé de les appeler « essences », car ces trois numéros sont à la fois ce qui constitue votre personnalité profonde, votre nature, et ce qui fait qu'il émane de vous un « parfum » particulier, singulier, unique. Ils sont aussi l'énergie essentielle qui doit vous faire avancer dans la vie. On les nomme **le Chemin de vie, l'Expression et la Clé de l'âme**. Ici, nous allons apprendre ensemble comment calculer votre Chemin de vie.

Calculé à partir de votre date de naissance, le Chemin de vie est **l'un des numéros les plus importants de votre thème.** Il indique les talents, les dons, les aptitudes naturelles avec lesquels vous êtes arrivé dans ce monde et qu'il vous faudra reconnaître, exprimer, nourrir pour pouvoir vous épanouir. Il s'agit donc à la fois de vos potentiels, mais aussi de vos besoins essentiels. Le Chemin de vie répond à la question : **« Quelle direction dois-je prendre dans ma vie pour me sentir bien ? »**

Dans son aspect positif, le nombre vous donne vos qualités intrinsèques, vos atouts innés. Dans son aspect négatif, il vous indique certains traits de votre personnalité qu'il faudra peut-être apprendre à tempérer, des tendances à équilibrer. Telle une feuille de route, le Chemin de vie vous éclaire sur quelques-uns des défis que vous aurez à relever, le travail que vous aurez sans doute à faire pour parvenir à faire vibrer ce numéro dans la lumière afin d'utiliser ensuite son magnifique pouvoir et donc le vôtre.

Comment calculer votre Chemin de vie ?

Il vous suffit d'additionner tous les numéros de votre date de naissance, puis de réduire la somme obtenue à un nombre simple. Deux façons de faire existent (horizontale et verticale) qui vous permettent d'obtenir vos sous-nombres si vous souhaitez faire une recherche plus avancée[5]. Bien évidemment, il est inutile de prendre en compte le 0 dans vos calculs.

Exemple :

Victor Hugo est né le 26 février 1802.

Calcul horizontal :

2 + 6 + 2 + 1 + 8 + 2 = 21 ;   2 + 1 = 3

Calcul vertical :

26	= 8	= 8
2	= 2	= 2
1802	= 11	= 2
	Total	12
	Réduit	3

5. Retrouvez la signification de votre Chemin de vie dans le livre *Numérologie, réveillez vos super-pouvoirs.*

2025 : une année universelle en 9

En ce temps de réjouissances qui va célébrer Noël et clore une révolution, nous vous proposons de découvrir les énergies nouvelles qui approchent et se font peut-être déjà ressentir pour certains, celles de l'année 2025 !

Nous entrons dans la dernière année d'un cycle universel de 9 ans. Le nombre 9 étant le symbole de ce qui se termine, il s'agit là d'une année bilan. C'est le moment de faire un profond état des lieux de votre vie pour décider ce que vous souhaitez conserver ou jeter. C'est en effet une période qui peut signer l'arrêt de tout ce dont vous n'avez plus besoin, tout ce qui vous semblerait toxique, inutile, désuet, dépassé. Il faut imaginer que vous êtes sur un terrain sur lequel vous allez planter de nouvelles graines en 2026. Il faut donc faire place nette en 2025 ! Épurer cette terre, enlever les mauvaises herbes.

Ce grand nettoyage dans votre vie peut se faire sur le plan externe. Vous pourriez donc avoir envie de vous débarrasser de quelques vêtements, d'objets, de mettre fin à certaines relations affectives, à un métier qui ne vous correspondrait plus. Cependant, le dépoussiérage peut également avoir lieu sur le plan interne. Ainsi, c'est l'occasion idéale pour laisser aller certaines attitudes et peurs, certains schémas répétitifs ou blocages. Tout ce qui vous entrave et dont vous ne voulez plus dans votre existence.

Une année personnelle 9 peut être un moment intense de nettoyage, de défrichage, afin de pouvoir commencer l'année suivante sous les meilleurs auspices et construire ainsi solidement un nouveau cycle de neuf ans.

Le 9 étant aussi la vibration de l'accomplissement, cette période peut être marquée par l'aboutissement de projets mûris et travaillés depuis quelque temps. Ce sera alors le moment de la récolte où vous pourriez recevoir de la reconnaissance, de la récompense et de la notoriété. Bien entendu, la qualité de la récolte dépendra de ce que vous avez semé et entretenu depuis ces 8 dernières années.

Le 9 évoque symboliquement une ouverture sur l'humain, le monde et le cosmos. Ce sera par conséquent une excellente année pour voyager, découvrir un autre pays, une autre culture, s'investir dans une cause (humanitaire, écologique, animal…), mettre au monde une œuvre publique…

Nombre très relié aux émotions, 2025 pourra être une année émotionnellement à fleur de peau pour certains. Comme il s'agit d'une énergie de fin de cycle, il est possible aussi que nous ressentions tous un peu plus de fatigue qu'à l'accoutumée.

Il se peut que certains vivent cette énergie dans sa version contrariée. Dans ce cas, attendez-vous à des conclusions, des ruptures (de liens, de contrats) que vous n'auriez pas décidées. Si vous vous sentez vidé de toute énergie et à fleur de peau, surtout ne vous isolez pas, ne vous coupez pas des autres. Votre mal-être ne ferait qu'empirer. Au contraire, voyez du monde, tournez-vous vers les autres, voyagez… et vous retrouverez l'énergie fluide du 9.

Il est important de conclure en précisant que cette vibration 9 se trouvera accompagnée des énergies de votre année personnelle[6]. Celles-ci peuvent être très différentes et apporter des nuances à la couleur de cette année 9. D'ores et déjà, je vous souhaite une très belle année 2025.

La numérologie vous apprend bien des choses sur vous-même. Vous êtes entouré de chiffres et numéros en tous genres, prêtez-y attention la prochaine fois, car il se pourrait qu'un message veuille vous atteindre. À deux jours de Noël, il est temps de conscientiser les enseignements reçus et de faire un point. Mais attendez demain pour vous y mettre…

6. Vous pouvez apprendre à calculer votre année personnelle dans l'ouvrage *Numérologie : réveillez vos super-pouvoirs*.

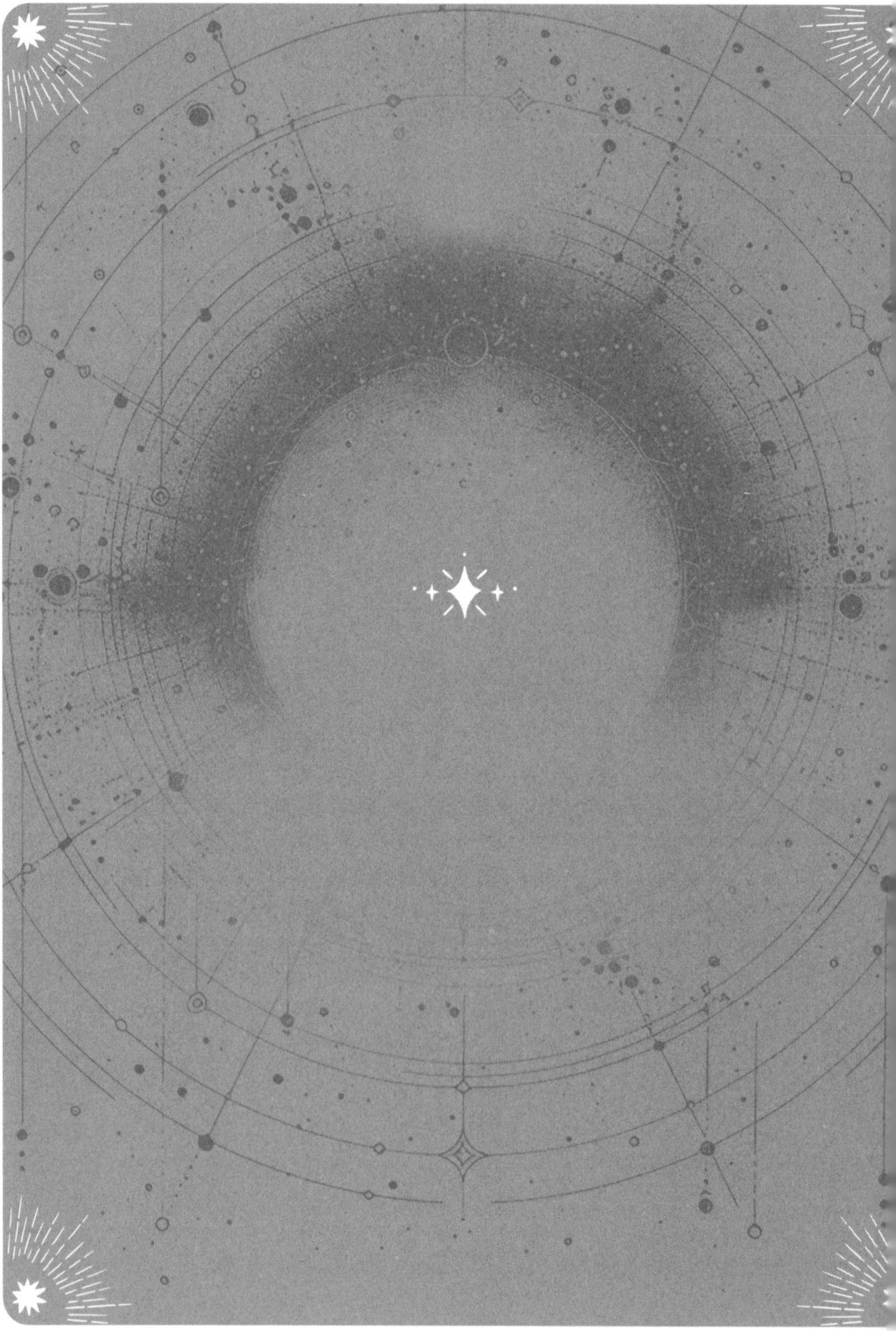

24 décembre

Bullet journal : se reconnecter et faire le point

Vous venez d'ouvrir la dernière case de votre fabuleux grimoire de l'Avent. En cette veille de Noël, nous vous proposons un temps pour vous. Accordez-vous une pause, isolez-vous, faites le point sur l'année écoulée, et préparez l'année à venir avec sérénité et inspiration.

Prenez le temps de vous souvenir de chaque mois, chaque semaine et chaque petit accomplissement de cette année, et offrez-vous ce précieux cadeau : la reconnaissance de vos efforts et de vos succès. Soyez fier de chaque pas, chaque geste et chaque moment de persévérance et de joie. Car ce sont toutes ces petites actions, bien souvent invisibles, qui tissent le fil de votre évolution personnelle.

Aujourd'hui, utilisez ces pages comme un compagnon de route qui vous permet de dresser un bilan, tout en vous projetant dans l'avenir avec confiance. Profitez-en pour clarifier vos objectifs, exprimer vos rêves et dessiner le chemin vers une nouvelle année remplie de possibilités.

Nous vous invitons à vous reconnecter à vous-même, pour honorer votre parcours et pour visualiser l'année à venir. Au fil de ce mois de décembre, vous avez posé les bases d'une vie plus épanouie et alignée avec vos aspirations profondes. Vous pouvez, à présent, continuer sur votre lancée, pour aller le plus loin et le plus haut possible. Que ce voyage au cœur de vos pensées, de votre moi profond soit une source d'inspiration et de transformation.

Bilan de mon année

Instant gratitude

Listez tous les moments pour lesquels vous êtes reconnaissant cette année.

Mes accomplissements

Écrivez et conscientisez vos réalisations, petites ou grandes, et soyez fier de chacune d'elles. Vous verrez que vous avez réalisé plus que ce que vous imaginez.

...

...

Apprendre de ses expériences

Notez maintenant les leçons importantes que vous avez tirées de vos expériences. Il peut s'agir d'un échec, d'une difficulté, ou même d'une situation positive qui vous a appris quelque chose.

Expérience	Leçon tirée
✦	✦ ....
✦	✦ ....
✦	✦ ....
✦	✦ ....
✦	✦ ....
✦	✦ ....
✦	✦ ....
✦	✦ ....
✦	✦ ....
✦	✦ ....

Prendre du recul sur les moments de doute

Quels ont été vos peurs, vos freins et vos doutes pendant cette année ? Une fois que vous avez dressé la liste de toutes ces choses plus difficiles à conscientiser, demandez-vous comment les transformer en chances et en forces pour la fin de l'année et celle à venir.

✦	✦ ....
✦	✦ ....
✦	✦ ....
✦	✦ ....
✦	✦ ....
✦	✦ ....
✦	✦ ....
✦	✦ ....
✦	✦ ....
✦	✦ ....

Mes souhaits pour l'année à venir

Mes objectifs de l'année

Quels sont vos objectifs personnels, professionnels et spirituels pour l'année à venir ?

Personnels	Professionnels	Spirituels	Autres

Expérimentez la puissance des mots

Affirmations positives

Rédigez une liste d'affirmations positives à répéter sans modération pour décupler votre confiance en vous-même.
Règle importante : écrivez seulement des phrases affirmatives et n'utilisez pas la négation.

Mon *vision board*

Créez votre propre tableau d'intention afin de visualiser vos rêves et vos objectifs. Imprimez des photos inspirantes, découpez-les dans des magazines, dessinez vos souhaits ou écrivez-les. Faites selon votre inspiration et votre intuition.

Quelques mots pour soi

À présent, prenez quelques minutes pour vous écrire une lettre. Cette lettre, vous pouvez l'adresser à votre moi du futur et la relire dans cinq, dix ou vingt ans. Vous pouvez faire un état des lieux de votre vie, écrire vos rêves et vos aspirations. Où voyez-vous votre avenir ? Quels sont vos rêves les plus fous ? Cette lettre est votre point de départ. Placez vos pions, petit à petit, pour vivre la vie de votre choix, la vie de vos rêves. Aucun rêve n'est inaccessible. Il suffit d'y croire et de le visualiser.

Votre grimoire de l'Avent s'achève aujourd'hui, mais pour vous, ce n'est que le début de votre voyage. Prenez les 24 dernières découvertes comme des enseignements, travaillez votre intuition ou votre troisième œil si vous en ressentez le besoin, communiquez avec les animaux ou intéressez-vous aux signes de l'Univers si vous en avez envie. Les cartes sont dans vos mains.

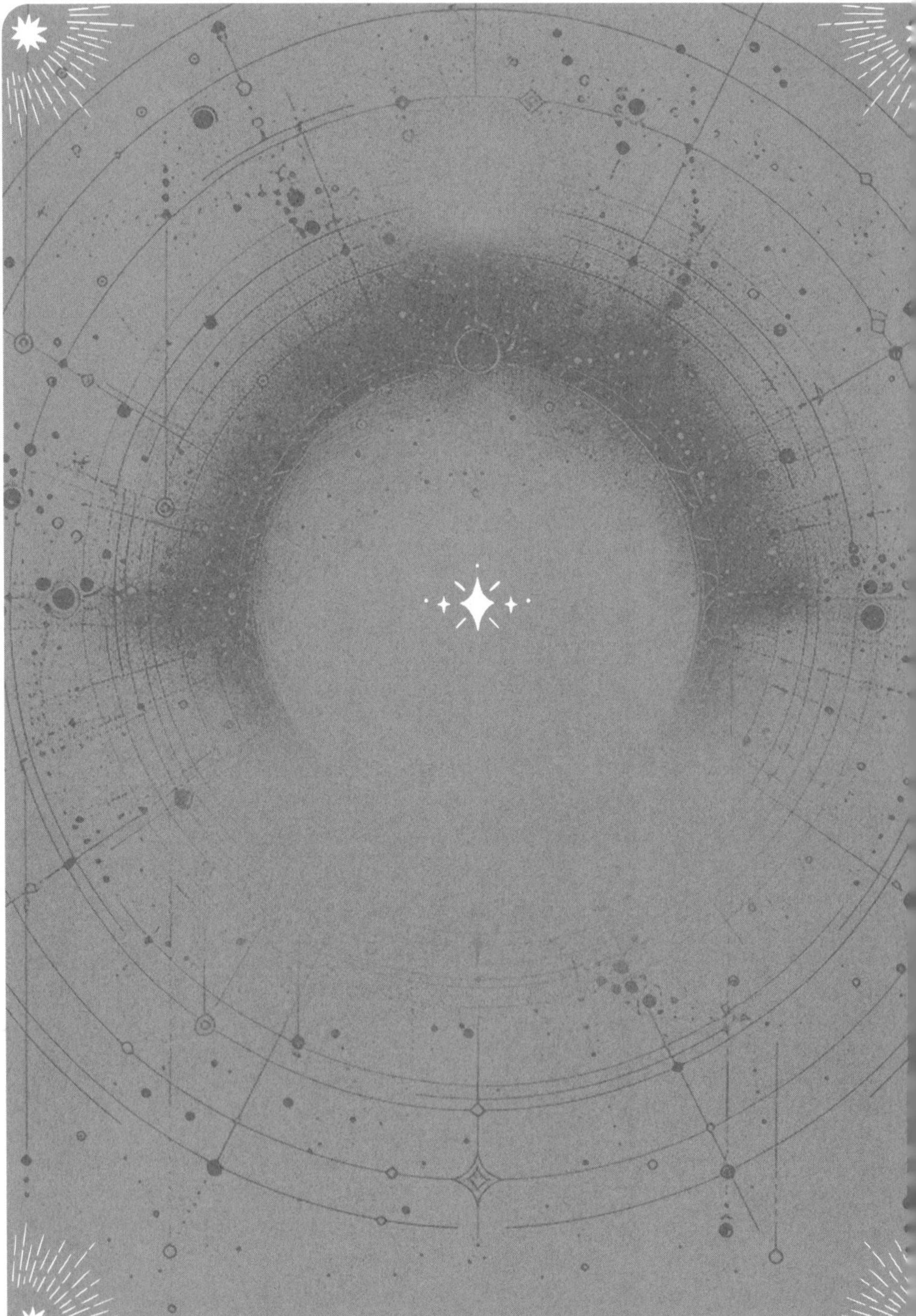

Le mot de la fin

Chère lectrice,
cher lecteur spirituel(le),

Alors que vous venez de tourner la dernière page de ce *Fabuleux grimoire de l'Avent*, Noël est sur le point d'être célébré. Nous espérons que ce mois vous a apporté lumière, sagesse et sérénité, que chaque page tournée, chaque rituel accompli et chaque réflexion furent une étape sur le chemin de votre éveil spirituel.

Jour après jour, vous vous êtes offert des moments de pause. Vous vous êtes recentré, ressourcé et reconnecté à votre essence véritable, et nous espérons que ce grimoire a été pour vous une boussole guidant vos pas vers une plus grande conscience. Nous avons souhaité, à travers ce livre, ouvrir des portes vers des thématiques variées de la spiritualité et de l'ésotérisme. Que vous ayez découvert de nouvelles pratiques ou redécouvert des sagesses anciennes, nous espérons que chaque jour a été une source d'inspiration et de transformation pour vous.

Aujourd'hui, alors que l'année touche à sa fin et qu'une nouvelle est sur le point de débuter, nous vous invitons à continuer sur cette voie de la spiritualité avec ouverture et curiosité. Que chaque jour à venir soit une nouvelle occasion, pour vous, de grandir, d'aimer et de vivre en pleine conscience. Emportez les enseignements et les moments de paix que vous avez trouvés durant ce mois, et continuez à naviguer à travers la spiritualité, l'ésotérisme et les instants de bonheur.

Chaque année, vous pouvez reprendre ce grimoire, tel un rituel à effectuer pour entrer comme il se doit dans le mois de décembre. Imprégnez-vous de l'énergie de ce livre magique et rayonnez de plus en plus fort. Écoutez plus souvent votre intuition, essayez de chercher des réponses auprès des animaux ou des arbres, accueillez les messages et les signes de l'Univers, apprenez à vous connaître grâce à la numérologie, aimez passionnément... Utilisez toutes les ressources de ce livre pour être pleinement vous-même, et ne cessez jamais votre apprentissage.

Alors que s'achève ici notre voyage ésotérique, nous tenions à remercier chaleureusement nos autrices et notre auteur, Céline Colle, Ozalee Intuitive, Amandine Issaverdens, Emmanuelle Johnson, Fabienne Maillefer, Sabrina Romeo-Dussart et Christian Vidal, pour leur expertise et leur présence sur ce projet.

Et merci à vous, chères lectrices et chers lecteurs, d'avoir passé ces vingt-quatre jours à nos côtés. Que la fin de cette année et la suivante soient pour vous des périodes de renouveau, de paix et de profonde harmonie.

Spirituellement vôtre,
Les éditrices de la collection Jouvence éso

Présentation des autrices et de l'auteur

Retrouvez ici les informations concernant les autrices et l'auteur de ce livre, ainsi que les titres des ouvrages correspondant à chaque chapitre du calendrier.

Céline Colle

Grâce à la numérologie, Céline Colle accompagne les autres et les aide à révéler leur plein potentiel. Elle est l'autrice des romans *Toutes ces vies où nous nous sommes aimés* (13 décembre), *Un secret peut en cacher un autre*; des ouvrages *Numérologie: réveillez vos superpouvoirs* (23 décembre), *Signes: interpréter les messages que nous envoie l'Univers* (7 décembre), *Flammes jumelles: vivre une relation karmique initiatique* (18 décembre) et *Mantras, ces formules sacrées qui transforment* (2 décembre); ainsi que du coffret-oracle *Recevoir les messages de l'Univers*. Retrouvez l'autrice sur son site Internet:

https://www.celinecolle-numerologue-auteure.fr

Ozalee Intuitive

Ozalee Intuitive est cartomancienne et thérapeute holistique. Fascinée depuis toujours par les mystères et les profondeurs de l'ésotérisme, ses pas l'ont menée sur les chemins du chamanisme, de la magie blanche et de la magie verte, explorant les connexions sacrées avec la nature. Elle accompagne aujourd'hui les âmes dans leurs explorations spirituelles et partage ses connaissances dans ses oracles et sur son compte Instagram @ozalee_intuitive. Elle est l'autrice de *Pratiquer la magie blanche* (20 décembre), du *Petit Cahier d'exercices pour réussir ses tirages de cartes* (6 décembre) et de *Pratiquer la magie verte* (14 décembre). L'autrice vous accueille sur son site :

https://ozalee-intuitive.com

Amandine Issaverdens

Amandine Issaverdens est sophrologue, sophro-analyste et thérapeute en mouvements oculaires. De sa plus grande vulnérabilité va naître sa vocation, et elle va ainsi passer de patiente à thérapeute. Accompagner l'autre a résonné comme une évidence puisque le chemin de résilience, elle l'avait elle-même traversé. Très présente sur les réseaux sociaux, vous pouvez la retrouver sur son compte Instagram @curieuseconscience, où elle partage sa vision du monde et de la thérapie. Elle a également publié *Résilience : guide d'exploration de Conscience*, le coffret-oracle *Conscience intérieure* (12 décembre) et *Ouvrir son 3e œil* (19 décembre). Retrouvez toutes les informations de l'autrice sur son site Internet :

http://www.curieuseconscience.com

Emmanuelle Johnson

Emmanuelle Johnson est issue d'un parcours universitaire en psychologie avec une affinité particulière pour les neurosciences. Après un travail personnel, riche d'expériences spirituelles et initiatiques, elle se passionne pour les vies antérieures et les liens d'âmes. Aujourd'hui installée comme magnétiseuse, elle accompagne ses clients sur leur cheminement personnel. Elle est l'autrice des ouvrages *Ouvrir les portes de ses vies antérieures* (3 décembre), *Expérimenter le voyage astral* (15 décembre), *Au cœur de nos vies antérieures* et *Shadow Work : notre âme nous guide à travers nos parts d'ombre* (8 décembre). Vous pouvez retrouver l'autrice sur son compte Instagram :

@emmanuelle._wulbrecht

Fabienne Maillefer

Fabienne Maillefer a obtenu divers diplômes en psychopédagogie, psychologie et hypnothérapie après avoir suivi une première formation d'infirmière. Elle utilise notamment les états modifiés de conscience pour faciliter l'accès au monde animal et enseigne sa propre méthode de communication animale depuis le début des années 2000. Elle est l'autrice du best-seller *La Communication animale intuitive*. Elle a également publié *Se relier au vivant par l'intuition* (11 décembre), *Se connecter à l'énergie des arbres et recevoir leurs messages* (22 décembre), *Communiquer intuitivement avec les animaux* (5 décembre) et le coffret-oracle *Messages féeriques du royaume des arbres* (22 décembre). Pour en savoir plus, Fabienne Maillefer vous invite à consulter ses sites Internet :

www.ecoledelaconscience.com
et **www.communicationanimale.ch**

Sabrina Romeo-Dussart

Formée au CENATHO, Sabrina Romeo-Dussart est naturopathe. Elle est diplômée en psychologie et formée à la sophrologie, à l'aromathérapie, aux fleurs de Bach et à l'EFT. Grâce à la pluridisciplinarité de sa formation, elle adopte une vision holistique pour une prise en charge complète et personnalisée lors de ses consultations. Une vision qu'elle partage à travers ses ouvrages : *Se reconnecter aux saisons, 12 mois pour se reconnecter à soi* (1er décembre), *Ma médecine chinoise au quotidien, Messages et symboliques des célébrations païennes* (21 décembre) et *Faire évoluer son âme grâce aux messages cachés des contes* (10 décembre et 16 décembre). Retrouvez toutes les dernières actualités de l'autrice sur son site :

https://www.sabrina-dussart.com

Christian Vidal

Christian Vidal est médium et spécialiste de la lecture des lignes de la main. Il a reçu sa formation en Inde, et il exerce en tant que voyant et chiromancien depuis plus de quinze ans. Les tarots et les oracles sont également ses compagnons de route par lesquels se manifestent ses flashs et ressentis médiumniques. Il est l'auteur des ouvrages *S'initier au tarot et pratiquer au quotidien* (9 décembre), *L'amour est dans les lignes de la main* (4 décembre) et *Décrypter l'avenir* (17 décembre). Vous pouvez retrouver toutes les informations de l'auteur sur le site :

https://www.chiro-lignesdelamain.com

Illustrations intérieures : Adobe Stock : © anna42f, p. 7 © PikePicture, p. 10 © Julia_january, p. 17 Charlotte Thomas, p. 26 © Vidoslava, p. 34 Charlotte Thomas, p. 34 à 39 © Юлия Савко p. 42 Charlotte Thomas, p. 46 © scusci, p. 46 © Abubakar, p. 46 © BigJoy, p. 50 Charlotte Thomas, p. 58 © aksol, p. 66 V. Cauchy, p. 71 © tansy, p. 74 © vivali, p. 77 © zion-balkon, p. 82 V. Cauchy, p. 90 Charlotte Thomas, p. 93 © Pixabay, p. 98 Charlotte Thomas, p. 106 © Tanya, p. 114 © Merfin, p. 122 © PANT314, p. 130 V. Cauchy, p. 138 Charlotte Thomas, p.146 © paw, p. 154 © biancaoddi, p. 162 © belwalrus, p. 170 © beaubelle, p. 178 © KsenialKrop, p. 179 © nosyrevy, p. 180 © Юлия Савко, p. 183 © Aline Quod, p. 186 Charlotte Thomas.

Dépôt légal : octobre 2024
Achevé d'imprimer en septembre 2024
Imprimé en Croatie par GZH